**bup**
BERLIN UNIVERSITY PRESS

**Martin Walser**
**Mein Jenseits**
Novelle

Berlin University Press

**Martin Walser**
**Mein Jenseits**
Novelle

Erste Auflage im Februar 2010
© Berlin University Press
Alle Rechte vorbehalten

*Ausstattung und Umschlag*
Groothuis, Lohfert, Consorten | glcons.de
*Satz und Herstellung*
Dittebrandt Verlagsservice, Baden-Baden
*Schrift*
Borgis Joanna MT
*Druck*
Beltz Druckpartner GmbH & Co. KG, Hemsbach
ISBN 978-3-940432-77-3

# MEIN JENSEITS

Wer es verstehen kann, der verstehe es.
Wer aber nicht, der lasse es ungelästert
und ungetadelt.
Dem habe ich nichts geschrieben.
Ich habe für mich geschrieben.

Jakob Böhme

FÜR PERCY
VON AUGUSTIN FEINLEIN

## 1.

Je älter man wird, desto mehr empfiehlt es sich, darauf zu achten, wie man auf andere wirkt. Ich bin dreiundsechzig. Südlich der Donau sagt man zum Beispiel: Der und der wird auch allmählich komisch. Das merken alle, wissen alle, nur der, der allmählich komisch wird, merkt es nicht. Und sagen mag man's ihm auch nicht. In Letzlingen – so heißt das Dorf, aus dem ich komme – in Letzlingen gab es – oder gibt es vielleicht sogar noch – eine Art Kultur des Umgangs mit solchen, die im Alter allmählich komisch wurden. Nirgends sonst habe ich von dieser Kultur auch nur noch einen Hauch verspürt. Ich will diese Art Kultur schildern, dann entscheide jeder selbst, ob es in seinem Dorf, seiner Stadt, seiner Gesellschaft dergleichen gebe. Ein Bauer heißt Peterer, ist eher siebzig als achtzig, sein Bruder Konrad ist immer Knecht auf dem Hof seines Bruders gewesen. Es hat sich dann herumgesprochen, dass er seit längerem nichts mehr sagt. Man kann ihn ansprechen, wie man will, er reagiert nicht. Er ist aber kein bisschen schwerhörig, das merkt man, wenn er das Vieh heimtreibt. Sobald eine Kuh stehen bleibt und nicht weiter will, geht er hin zu ihr und sagt ihr etwas ins Ohr. Wenn sie dann hinschaut zu ihm, sagt er: Jaa. Dann geht sie wieder. Auch wenn ihn ein Hund anbellt, sieht man, dass er das hört, genau hört. Also zu Menschen keinen Kontakt mehr. Wenn man den Bauer fragt, was los sei mit Konrad, bohrt der Bauer mit dem Zeigefinger seine Schläfe an. Konrad schläft auch nicht mehr in seiner Kammer, sondern auf dem Heuboden. Wie und wo genau, ist nicht bekannt. Er ist allmählich komisch geworden. Zuerst hat man noch gefragt nach ihm, hat sich erkundigt, aber dann nicht mehr. Der Konrad ist allmählich komisch geworden. Das ist offenbar sein gutes Recht. Einer, der ihn am Eschbach gesehen hat, will gesehen haben, dass er mit einem Fisch gesprochen habe. Es gibt im Eschbach immer nur einzelne Fische. Forellen. Gut, hat er also mit einer Forelle gesprochen. Was er gesagt hat, weiß man nicht. Man geht ja nicht hin, wenn einer mit einer

Forelle spricht, um zu hören, was da gesprochen wird. Das gehört eben auch zu der Art Kultur im Umgang mit Komischwerdenden. Eines ist sicher: Wenn Konrad stirbt, werden alle zu seiner Beerdigung gehen. Auch das gehört zu dieser Kultur. Man schätzt den Komischwerdenden. Man spürt, dass man ihn überschätzt. Man gibt sich darüber keine Rechenschaft. Man sagt nichts. Eigentlich ist er nur so und so, aber wir überschätzen ihn gern. Es tut gut, ihn zu überschätzen. Es ist eine helle Freude, wieder etwas, was man über ihn gehört hat, weiterzusagen und es beim Weitersagen noch schöner zu machen, als man es gehört hat. Wenn er vor seinen Kühen ins Dorf trottet, übrigens immer barfuß, im Sommer wie im Winter, immer barfuß, dann grüßt man ihn natürlich. Jeder grüßt ihn anders. Die Forschen, Übermütigen, Draufgängerischen rufen ihm etwas Forsches, Übermütiges, Draufgängerisches zu. Die Sanften etwas Sanftes. Die Schüchternen schauen nur hin zu ihm und verneigen sich ein bisschen. Man kann nicht sagen, Konrad reagiere überhaupt nicht, wenn das ganze Dorf sich ihm gegenüber so charakterisiert. Er hat zum Beispiel einen sehr auffälligen Gang. Einen wegwerferischen Gang, könnte man sagen.

Es sieht aus, als schüttle er die Füße bei jedem Schritt. Aber das Wichtigste: er weiß nichts davon. Er weiß überhaupt nicht, dass er geht. Den Kopf trägt er hoch. Ein langer Hals kommt aus dem kragenlosen Hemd. Einen winzigen Bund hat es schon, das Hemd, aber eben keinen Kragen. Der Kopf auf dem langen Hals wackelt ein bisschen. Und das kann mit dem Schütteln oder Wegwerfen der Füße zusammenhängen. In einer Hand den Haselnussstecken, den er braucht, um einer Kuh, die sich von ihm nichts sagen lassen will, mit dem Stock anzudeuten, dass es Abend sei und dass man dabei sei, heimzugehen, in den Stall. Um das einer Begriffsstutzigen anzudeuten, genügt es, wenn er sie mit dem Stock stupft. Allerdings soll er manchmal ungeduldig werden. Er schlägt zu, heißt es, wenn eine Kuh gar nicht mitmachen will. Wie auch immer, ich will damit nur sagen, dass über Konrad viel mehr gesprochen wird als über seinen jüngeren Bruder, der den Hof schon lang seinem Sohn Willi übergeben hat. Auch über dessen Frau Irmgard wird viel weniger gesprochen als über Konrad. Im Dorf geht das Gerücht um, der Bauer Peterer sei zum Pfarrer gegangen und habe dem in drohendem Ton gesagt, der Pfarrer dürfe, falls Konrad je sterbe, bei der Ansprache am offenen Grab nichts Gutes über Konrad sagen. Darauf der Pfarrer: Ob es denn etwas Böses zu sagen gäbe? Und der Bauer: Nichts Böses, aber bloß nichts Gutes!

Dass das Dorfgerücht Konrad jenseits von Gut und Böse haben will, könnte einen gerüchthörig machen.

Manche glauben, Konrad kriege das alles mit und genieße es. Das ist Unsinn. Ich will mich da auch nicht hineinmischen. Ich bin schon zu lange weg aus dem Dorf. Nur, jedesmal wenn ich wieder hinkomme, stelle ich fest, dass Konrad interessanter ist als alle anderen. Und es nimmt ihm keiner übel, dass er der Interessanteste ist. Und das ist wahrscheinlich der Grund für alles: Konrad hat keine Konkurrenz. Im Gegenteil. Es gibt eine Art Wettbewerb, Konrad als solchen zu erhalten. Nicht: zu verstehen. Das überhaupt nicht. Aber zu erhalten. Als ich das letzte Mal dort war, es war in der Weihnachtszeit, sagte ein zirka Vierzigjähriger, er heißt Fritz, Konrad habe vor ein paar Tagen zu ihm gesagt, Fritz könne bei ihm übernachten, er habe auf dem Heuboden eine zweite Bettstatt. Fritz müsse allerdings eine Flasche Obstler mitbringen.

Jetzt im Winter brauche er so was. Und so weiter. Dieser Fritz, der noch kein Jahr in Letzlingen lebt und jeden Tag als Pendler in die Stadt fährt und dort in einem Computergeschäft arbeitet, dieser Fritz wurde so verhört, so in die Zange genommen, der wurde behandelt, als sei er verdächtig, ein schlimmes Verbrechen begangen zu haben. Und alle, die ihn verhörten, waren konraderfahrene Mitbürger. Das Ende: Fritz brach zusammen. Weinte laut auf. Gestand, alles sei erfunden und erlogen. Er habe sich bei seiner Freundin Barbi wichtig machen wollen. Er habe angegeben. Er habe Barbi gebeten, ja nichts weiterzusagen. Habe sie leider getan. So sei alles gekommen. Es wurde ihm verziehen. Konrad wurde natürlich gar nicht gefragt, ob er diesen Fritz kenne, ob er den je gesehen habe, denn das war allen in jeder Sekunde klar: Was dieser Fritz über Konrad erzählte, konnte mit Konrad nichts zu tun haben.

So ist das also, wenn in meinem Dorf Ältere anfangen, komisch zu werden.

Auch wenn einem Konrad sympathisch ist, man selber möchte in eine solche Rolle nicht geraten. Und unter hundert Älterwerdenden ist höchstens ein Konrad. Man nennt in Letzlingen, was die Älterwerdenden auszeichnet, Mödelen. Das ist eine Verkleinerungsform von Moden und hat mit Kleider- und anderen Moden nichts zu tun. Oder es war vor ihnen da. Ich vermute, dass es vor zweitausend Jahren direkt aus dem Lateinischen in die Dörfer und so in die Mundart kam. Mödelen sind Eigenheiten, die man den Älterwerdenden zugesteht, weil man weiß, dass man sie ihnen weder verbieten noch abgewöhnen kann. Hochdeutsch heißen Mödelen Skurrilitäten. Es gibt den Mödelen gegenüber durchaus nicht nur Wohlwollen. Man nimmt die Mödelen nur hin, weil man nichts machen kann gegen sie. Aber selbst für den schlimmsten Fall enthält das Wort eine Anerkennung dessen, was hochdeutsch gleich Skurrilität oder gar Verschrobenheit heißt. Mödelen sind eine Art Extra-Menschenrecht für Älterwerdende. Wo ich hingeraten bin, geht man mit komisch Werdenden weniger wohlwollend um. Eins ist überall gleich. Der allmählich Komischwerdende merkt es selber nicht. Das ist ganz sicher. Und ebenso sicher: Keiner sagt es ihm. Wenn man einem das sagte, das sagen müsste, glaubte, es ihm sagen zu müssen, dann könnte diese Mitteilung doch nur negativ klingen, kritisch. Allenfalls als

Warnung. Pass ja auf, dass du nicht noch komischer wirst als du jetzt angefangen hast zu werden.

Ich muss versuchen, mich in die hineinzuversetzen, denen ich allmählich komisch vorkomme. Das ist schwer. Ich selber finde ja nichts allmählich komisch Werdendes an mir, in mir. Aber ich muss annehmen, dass andere das anders sehen. Und in meiner jetzigen Umgebung kann ich nicht darauf hoffen, dass man mich, falls ich tatsächlich anfange, komisch zu werden, mit einer so lieben Verklärungsbereitschaft behandeln würde wie den Konrad im Dorf. Wo ich jetzt lebe, wird man, wenn man anfängt, komisch zu werden, nicht mehr für voll genommen. Man kommt nicht mehr in Frage. Und dazu sage ich allerdings: Gut so. Genau genommen, ist es mir lieber, nicht mehr für voll genommen zu werden, als gehätschelt zu werden als eine komische Nummer. Wenn sie mich nicht mehr für voll nehmen, nehmen sie mich ernst. Wenn sie sagen: Der hat nicht mehr alle Tassen im Schrank, geben sie zu, dass ich ihnen auf die Nerven gehe mit dem, was ich noch zu sagen habe. Ich weiß, dass ich Unmögliches vorhabe. Ich bin dreiundsechzig. Seit längerem. Ich werde nie älter sein als dreiundsechzig. Ich sage jetzt nicht, seit wie vielen Jahre ich jetzt schon dreiundsechzig bin. Ich sage nur, dass ich mit dreiundsechzig aufgehört habe zu zählen. Das war möglich. Mein Umgang mit Zahlen hat es möglich gemacht. Ich glaube nicht an Zahlen. Ich weiß, was man alles machen kann mit Zahlen, aber ich weiß auch, was man mit Zahlen nicht machen kann. Und doch macht. Ich habe aufgehört, das mitzumachen.

Dr. Bruderhofer, der Ärztliche Direktor des Krankenhauses, dessen Chef ich bin, kann es nicht erwarten, dass ich gehe. Endlich gehe. Er ist von Haar nach Scherblingen berufen worden. Er hat angenommen, weil er schnell Chef werden wollte. In Ärztesitzungen, an denen ich nicht teilnehme, nennt er mich den Alten Knaben. Frau Dr. Breit, von der unsicher ist, ob sie mehr auf seiner oder auf meiner Seite kämpft, erzählt mir alles, was er über mich sagt und wie er es sagt. Frau Dr. Breit weiß sicher selbst nicht, ob sie mehr auf der Seite Dr. Bruderhofers oder auf meiner Seite kämpft. Dass alles ein Kampf ist, weiß sie auch. Ich habe mir sagen lassen, der Alte Knabe sei gut gemeint. Ich dürfe mich in dieser Prägung, habe ich mir sagen lassen, gern wiedererkennen. Also mache ich das Beste aus dieser Bezeichnung. Dass ich dreiundsechzig bin und bleibe, ist nur möglich, weil ich ein Alter Knabe bin. Ich sehe so aus. Ich selber glaube, das Knabenhafte sei in mir und an mir noch deutlicher als das Alte. Also nichts gegen Dr. Bruderhofer. Das muss ich mir immer wieder sagen! Dr. Bruderhofer ist ein Nebenproblem. Und es würde den Sinn meines Kampfes seriös verfälschen, wenn ich gegen Dr. Bruderhofer recht haben wollte. Dass er seine ganze Kraft — und die ist beträchtlich — einsetzt, gegen mich recht zu haben beziehungsweise zu beweisen, dass ich im Unrecht bin, das zeigt nur, dass er jünger ist und noch glaubt, recht zu haben sei möglich. Er hat noch nicht einmal bemerkt, dass ich den Kampf, den er kämpft, nur zum Schein mitmache. Er will mich überzeugen. Von seinen Mitteln, Methoden, Therapien. Auf dem Klinik-Terrain muss ich mich wehren. Ich kann es nicht zulassen, dass er mit seiner Chemie bedenkenlos wird. Ich könnte das seiner eigenen Entwicklung überlassen. Er wird dahin kommen, wo ich jetzt bin. Glaube ich. Ist das anmaßend gedacht? Wenn ich ein Alter Knabe bin, ist er ein Alter Bub. Er hat doch total den Vierzehnjährigen im Gesicht. Das habe ich entdeckt in den Nächten, in denen ich mich gegen seine Angriffe wehren musste, gegen gedachte und gegen wirkliche. Ihm geht es um seine Karriere. Mir um mein Jenseits.

Ich will keinen einzigen Menschen überzeugen. Nur mich selbst. Wenn mir das gelingt, wenn mir das gelänge, wäre ich der glücklichste Mensch in dieser Welt.

## 2.

Ich auf 32 A, also Fensterplatz. Die zwei Sitze zum Gang hin unbesetzt. Weiter vorn, zirka 15. oder 18. Reihe, stand einer, stand schon seit wir in der Luft waren und unsere Sitzgurte lösen durften. Ein grobkariertes Hemd. Wenig Weiß, viel Dunkelgrün. Ein geradezu grell heller Strohhut mit einem schwarzen Band. Und um das Gesicht ein silberheller Dreitagebart. Fast ein Schleier. Die Stewardessen zwangen ihn mit ihren Servicewagen immer wieder in seine Sitzreihe hinein. Er folgte und trat, sobald die Stewardessen weg waren, wieder in den Gang. Auch wenn er den Stewardessen ausweichen musste, hörte er nicht auf, mich anzuschauen. Aber in seinem Blick war nichts Privates. Kein ehemaliger Patient. Ehemalige Patienten haben alle den gleichen, um Wiedererkanntwerden bittenden Blick. Und der wollte mich auch nicht kennenlernen. Der wollte mich nur anschauen.

So angeschaut zu werden, hält kein Mensch aus. Ich hatte Grund genug, wegzuschauen. Wir überflogen die Alpen, über Eis und Schnee, so nah, so anziehend, und so ewig. Wenn ich Pilot wäre, dürfte ich nicht so hinunterschauen. Immer wieder zurück mit dem Blick, zu dem, der mich immer noch anschaute, wie er mich vorher angeschaut hatte. Sein Blick ist reglos. Ausdruckslos. Leblos. So schauen einen Statuen an. Ein Vorgeschmack von Rom.

Ich hätte nicht mehr hinschauen dürfen zu dem. Die Viertausender waren wirklich anziehend genug. Der aber auch. Der repräsentierte die Viertausender hier im Flugzeug. Dann hätte ich gern den Kopf geschüttelt oder gelacht, oder den Kopf geschüttelt und gelacht! Dr. Bruderhofer! So groß wie der. Und immer grobkarierte Hemden! Und auch noch den Kordanzug, den honigfarbenen! Ja, Herr Dr. Bruderhofer ... Und jetzt kam mir der Blick, der ganze Gesichtsausdruck nicht mehr so reglos, leblos, statuenhaft vor. Das war doch der immerfreundliche bruderhofersche Bubenblick. Und von diesem auf Harmlosigkeit getrimmten

Bruderhoferverschnitt lass ich mich abbringen von den in voller Sonne zu mir heraufschauenden Viertausendern. Dann wollen wir doch einmal sehen, wie weit diese Dr. Bruderhofer-Imitation zu gehen wagt. Beim Aussteigen muss es sich ja zeigen.

Jeder holt rücksichtslos sein zu großes Gepäck herunter, jeder drängt nach vorne. Der Bruderhofer-Darsteller, das hatte ich noch gesehen, hatte einen Rucksack heruntergeholt, einen Rucksack, aus dem ein Geigenkasten ragte. Ich drängte nicht. Ich ließ alle anderen vorbei. Ganz schnell noch durchgespielt, dass der blind sei. Nur einer, der dich nicht sieht, kann dich so unbarmherzig anstarren.

Blind oder nicht blind, Dr. Bruderhofer-Bub oder Statuen-Darsteller, ich verließ das Flugzeug als letzter. Ein Kordanzug, und sei er noch so honigfarben, und ein noch so grellheller Strohhut, das macht noch keinen Dr. Bruderhofer. Wozu flog ich denn nach Rom! Doch nicht, um das heimische Quältheater weiterzuspielen.

Als ich dann am Transportband auf meinen Koffer wartete, sah ich den freundlichen Riesen nicht! Ich war froh. Aber auch enttäuscht. Und weil gar nichts passiert war, leistete ich mir die Floskel: Dann halt das nächste Mal. Und wusste nicht, wie ich das meinte. Sobald ich im Bus war, bemerkte ich, dass ich meinen Hut im Flugzeug vergessen hatte. Und gab sofort dem Dr. Bruderhofer-Darsteller die Schuld. Ich besitze nur zwei Hüte. Jetzt war also der Sommerhut weg. Sofort marschierte die Gedächtnisparade in mir auf und führte grell vor, wo ich überall gewesen war mit diesem Hut, was ich, ihn auf dem Kopf, erlebt hatte. Er war weich, biegsam, ein helles Braunbeige, eine fast abenteuerliche Krempe. Wenn ich mich mit ihm im Spiegel sah, kam mir mein Gesicht immer zwanzigjährig vor. Zwar brav, aber bereit, unbrav zu sein. Und dieser Hut war weg. Und schuld, der Herschauer mit dem Strohhut und dem Geigenkasten. Ich vergesse schon mal einen Regenschirm oder eine belanglose Tasche, aber doch nie einen der beiden Hüte. Der schwarze im Winter war nur möglich, weil ich im Sommer den braunbeigen hatte. Es war September, der braunbeige war noch dran. Ich fühlte mich debalanciert. Und der war unwiederbringlich weg. Ich war in Rom! Und hatte mich doch, wo immer ich ausstieg, gefragt: Ist der Hut dabei! Das war geübt.

Das gehörte zu mir. Ich hatte immer Angst, diesen Hut einmal irgendwo zu vergessen. Das war jetzt passiert. Der vorbereitete Schrecken beherrschte mich so, dass ich auf der Fahrt stadteinwärts von Rom nichts sah. Weil ich darauf angewiesen bin, mich zu verstehen, musste ich mir sagen, dass ich diesen harmlosen Mitreisenden brauchte, weil ich einen Grund brauchte, der mich den Hut vergessen ließ. Ich hätte es nicht ertragen, diesen Hut einfach vergessen zu haben. Das wäre sozusagen unverzeihlich gewesen. Aber dieser Reisende hatte mich doch gerade beim Verlassen des Flugzeugs sehr beschäftigt. Wie würde es mir gelingen, an ihm vorbeizukommen? Nicht dass ich Angst gehabt hätte vor ihm. Aber wenn er irgendwo auf dem Weg hinaus oder am Gepäckband stehen geblieben wäre, dass ich nah an ihm hätte vorbeigehen müssen, das wäre eine Peinlichkeit gewesen.

Ich wohne immer im Hotel *Locarno*. Es wird nie hell in diesem Hotel. Außer im Frühstücksraum im Souterrain. Da kommt's einem dann grell hell vor. Aber sonst herrscht eine zuverlässige Lichtlosigkeit. Man kann nicht lesen in diesem Hotel. In keinem Zimmer. Das ist so befriedigend. Du darfst dich mit dir selber beschäftigen. Die Schwelgerei mit den Stiltrivialitäten des späten 19. Jahrhunderts passt so gut dazu. Ich muss mich jedesmal zwingen, das Hotel überhaupt zu verlassen. Das Hotel will mir einreden, dass ich eigentlich bedürfnislos bin, dass meine Reiseziele in Rom nur vorgeschützt sind, mir selber vorgemacht aus irgendwelchen schwer durchschaubaren subtileren Gründen. Das ist natürlich nicht so. Ich fliege immer wieder nach Rom, um mich der Aufdringlichkeit gewisser Bilder und Statuen auszusetzen, und um in gewissen Kirchenräumen zu atmen. Wenn ich einmal bis zum Rückflug im *Locarno*-Zimmer bleiben würde, käme ich mir groß vor. Sehr groß. Aber so groß, wie ich mir dann vorkäme, bin ich nicht.

Also auf und in die Stadt! Hinaus aus der kleinen Via della Penna, in der das *Locarno* von früher träumt. Dann immer hinunter auf der Via Ripetta. Dann bin ich schon fast, wo ich hin will: San Agostino. Dass der Straßenname nach Wiederholung klingt, tat mir gut. Aber dann führt die Straße doch noch an einem Platz vorbei. Ich musste mich orientieren. Und dieser Moment der Unsicherheit genügte, den Strohhutmann herzuzaubern. Er stand jetzt an den edlen Palisaden, die den Platz von der Straße trennen. Das Trottoir führt an den wie Lanzen hochragenden Palisaden entlang. Und ich kam auf diesem Trottoir auf den zu. Er stand und schaute quer über die Straße, auf der der Verkehr mit der Natürlichkeit eines Flusses vorbeitrieb. Ich musste also, wenn ich nicht direkt an ihm vorbeigehen wollte – und das wollte, das konnte ich nicht – ich musste mich durch Autos, Motorroller und Radfahrer durchkämpfen, hinüber auf das andere Trottoir. Ich schaffte es mit ums Leben bittenden Fuchteleien. Und war drüben. Musste aber doch noch zurückschauen. So lange, bis ich durch den vorbeiflutenden Verkehr hindurch alles gesehen hatte. Der stand also vollkommen bewegungslos. Von seiner rechten Hand führte ein massiver Draht hinunter aufs Trottoir, führte zu einem Hund aus solidem Draht, deutlich ein Dackel. Neben dem Dackel der Geigenkasten. Offen. Neben dem Geigenkasten ein Paar Schuhe. Der Mann barfuß. Es war offensichtlich, dass man Geld in den Geigenkasten zu werfen hatte. Passanten, die nicht, wie ich, ausgewichen waren, taten das.

Es gibt ja jetzt Menschen, die stellen sich in Metropolen auf belebteste Punkte und verharren reglos. Man soll sie für Kunstwerke halten. Aber es gibt auch Statuen, die aussehen wie stehengebliebene Menschen. Man soll sie für Menschen halten. Der da drüben irritierte mich. Aber was ging er mich an? Ich war ihm entkommen. Hatte er noch den Kordanzug an? Das karierte Hemd ... Noch einmal: Was ging er mich an? Ich war doch in Rom. Ich hatte ein Ziel. Die Basilika San Agostino. Zu meinem Namenspatron wollte ich, durfte ich, musste ich. Aber Rom ist, wo du hinschaust, schön. Du brauchst gar kein Ziel. Es kann an keinem Ziel schöner sein als es überall ist. Und schon stand ich vor einem Schaufenster, in dem nichts zu sehen war als eine einzige Krawatte. Und ich blieb stehen und schaute. Dieses Schaufenster war kein bisschen zu groß für eine einzige Krawatte. Die Krawatte war fast unwichtig. Gut, sie war schon schön, aber sie war hauptsächlich schön, weil das ganze Schaufenster kein bisschen zu groß war, ihr zu dienen. Ein Schaufenster, als die Schaufenster noch menschliche Maße hatten. Und so weiter.

Ich spielte jedesmal, wenn ich in *meine* Basilika ging, mit dem Gedanken, gar nicht hinzugehen.

Vorbei an ihr. Weg von ihr. Aber jedesmal bog ich heinein in die Via della Scrofa. Obwohl das ein Wort mit einer Physiognomie ist, also ein Wort, das einem etwas sagt, ohne dass man's übersetzt – ich schlug dann doch einmal nach. Heißt Sau. Na ja, die ganze Gegend heißt ja auch Campo Marzio.

Die Freitreppe zur Basilika des Heiligen Augustin stürmte ich hinauf. Jedesmal. Als wäre ich 36 und nicht 63. Drinnen so dunkel wie im *Locarno*. Schon deshalb möchte das Hotel einen dazu verführen, einfach da zu bleiben. Ich ging wie immer ins linke Seitenschiff und dort zum ersten Altar, zur Madonna dei Pellegrini. So heißt das Bild von Caravaggio, das den Altar bestimmt. Man steht dann genau auf dem Punkt, von dem aus Caravaggio das Bild gesehen und gemalt hat: schräg hinter den zwei Pilgern, die vor der Madonna knien und zu ihr hinaufschauen. Nicht weit hinauf, die Madonna steht nur eine Stufe höher als die zwei Knieenden. Ein Mann und seine Frau. Ein wenig verdeckt der Mann seine rechts von ihm knieende Frau. Er füllt das Bild. Er ist mindestens so wichtig wie die Madonna, zu der beide beten. Barfuß kniet er, Hosen erst ab den Knieen. Seine zwei nackten Sohlen sind so wichtig wie das ein wenig herabgeneigte Gesicht der Madonna und wie das lebhafte Interesse, mit dem das Kind auf das Pilgerpaar hinabschaut. Die Stöcke der beiden zeigen, dass sie von weiter her kommen und dass es Leute aus einem Dorf sind. Solche Fußsohlen hat man nur, wenn man aus einem Dorf kommt. Und Caravaggio hat auf diesem Bild nichts so genau und dadurch schön gemalt wie die Fußsohlen, die der kniende Mann sehen lässt. Die Madonna ist natürlich auch für ihre Schönheit berühmt, weil sie eine junge Römerin ist. Keine Spur Madonnen-Routine. Das Kind kein Hauch Jesuskind. Aber beide schauen so teilnahmsvoll auf das Pilgerpaar hinab wie nur Maria und das Jesuskind auf ein Paar hinabschauen können, das seine Anbetung mit aller Kraft vollbringt. Mehr kann man sich zu nichts anstrengen als dieses Paar sich zur Anbetung anstrengt. Und das ist der Gegensatz, den unsereiner erlebt. Wie die Madonna und ihr Kind in wunderbarer, aber ganz anstrengungsloser Teilnahme hinabschauen auf die zwei Pilger, denen alles in der Welt zur Anstrengung oder gar zur Überanstrengung wird. Auch die Anbetung. Aber eben deshalb kommen sie doch. Und nichts sagt das deutlicher als die erdigen Fußsohlen des Mannes, denen

Schuhe so fremd sind wie den Füßen Konrads in Letzlingen. Und was für ein Barfußunterschied zwischen den feinen Füßen, die gerade noch unter dem feinen Gewand der feinen Madonna herausschauen, und den wichtigen Füßen und vor allem doch Fußsohlen des Pilgermannes. Die unterm dunkel hinabfließenden Gewand gerade noch hervorschauenden Füße – ein Fuß auf dem Boden, der andere steil, nur mit den Zehen den Boden erreichend –, die zeigen, diesen feinen Füßen ist Last fremd, die tanzen unter allen Umständen. Aber oben, das Gesicht, das trotz seiner enormen Schönheit nur dazu da ist, samt Kind hinunterzuschauen zu den Anbetenden. Dem Kind hat der Maler in die kleine Hand die Geste einer bedeutenden Teilnahme hineingemalt. Das alles zusammenzubringen, war immer die vom Bild gestellte Aufgabe, wenn ich die Basilika verließ, also so langsam wie möglich die basilikabreite Freitreppe hinunterging. Armes Paar, tolle Dame. Stimmt nicht. Arm ist das Paar nicht. Die strahlen eine Gebetskraft aus, die sie der Dame Madonna ebenbürtig macht. Woher die ihren Jesus hat, wagt man nicht zu denken. Allein die Schönheit zählt. Das Jenseits muss schön sein. Sonst kannst du es gleich vergessen. Nur wenn es so schön erscheint wie in der Basilika, füllt es dich aus bis zur Fraglosigkeit. Aber dass es so schön ist, setzt voraus, dass es so stimmt. Caravaggio soll, bevor er das Bild gemalt hat, als Pilger in Loreto gewesen sein.

Ich zog – noch auf der Freitreppe – meine Schuhe und meine Socken aus, steckte die Socken in die Hosentasche und ließ die Schuhe an den Schuhbendeln baumeln. Dass Norddeutschland sich mit Schnürsenkeln gegen Schuhbendel durchgesetzt hat, ist schwer zu begreifen.

Erst auf der Piazza Navona, unter dem Lärm der Lautsprechermusik zog ich die Schuhe wieder an. Durch die Passette delle Cinque Lune und die Via Agonale war ich hinausgekommen auf den Platz. Wenn ich meinen Hut noch gehabt hätte, wäre ich barfuß weitergegangen. Das einmalige Braunbeige mit dem nicht ganz tiefbraunen, aber glänzenden Band. Und die rundum auf und abwogende Krempe. Dieser Hut und barfuß! Die Schuhe baumelnd am Bendel! Das wär's gewesen!

Ganz unernst schaute ich, sobald ich auf dem Corso war, ob es ein Schaufenster mit Hüten gebe. Ich kann eigentlich nicht nach einem Hut suchen. Ich muss ihn, ohne zu suchen, finden. Suchen liegt mir sowieso nicht. Finden schon. Ich wollte mich auf dem Corso auch nicht durch eine eigensinnige Hutsuche von den Menschen ablenken lassen, die aus Palästen und Kirchen und Geschäften kamen und in Paläste, Kirchen und Geschäfte hineingingen. Die äußerste Bestimmtheit aller Bewegungen. Und Gesichter. Die wissen alle, wo sie hinwollen und wo sie herkommen. Der ganze Corso ist eine hochverdichtete Bestimmtheitssphäre. Das teilte sich auch mir mit. Ich ging andauernd quer durch Bestimmtheitsströme durch. Und war der, der dazu bestimmt war, die Bestimmtheit von allen zu erleben. Augenblicksweise wollte sich mir statt Bestimmtheit Bedeutung aufdrängen. Die erlebten alle ihre Bedeutung. Das sah man jedem und jeder an. Aber dann war mir Bedeutung doch zu inhaltlich. Zu bürgerlich auch. Obwohl ich es auch genoss, alles, was um mich herum geschah, zu verstehen. Aber ich wollte das vor Sinn strotzende Corsodurcheinander nicht zum Theater werden lassen. Das Theater ist süchtig danach, verstanden zu werden. Die kleinste Geste sagt, was sie bedeutet. Die Bestimmtheit aller Corsogesten bedarf keiner Inhalte. Die Selbstverständlichkeit der Paläste, der Kirchen, der Geschäfte! Und immer wieder, förmlich zum Atemholen zwingend, die Ausbuchtung der Plätze. Und blieb dann doch hängen, wurde hineingesogen in einen Hemdenladen. Nichts als Camizie. Und mir war, als hätte ich schon auf dem Weg zur Basilika oder bald danach dieses Hemdengeschäft gesehen. Eine Hemdenkette also. Und gleich tief hinein in den Bau. Nichts als Hemden und Hemden. Und kein einziges nördlich der Alpen denkbar. Und kaufte zwei. Das zweite nur als Wiedergutmachung für das erste. Das erste war nämlich eins mit Karo. Aber nicht so grobschlächtig wie das des Strohhut-Starrers im Flugzeug. Ein weißes Hemd, über das ein deutliches, aber doch zartes Gitter von einander schneidenden Linien gelegt war, eben Karo. Die waagrechten Linien waren dunkel, ohne schwarz zu sein, und die senkrechten waren beige ohne braun zu sein. Das war ein Fund. Das andere dunkelblau und hellgestreift, mit einem Kragen, den ich, wie ich im Hotelzimmer sofort sah, nördlich der Alpen ohnehin nicht tragen konnte, so trumpfte der auf. Aber das weiße mit dem Karogitter in Dunkel und Hellbeige würde ich tragen. Und immer an den Hut denken. Der hätte mich zusammen mit diesem Hemd zu einer sich selbst genügenden und sich selbst genießenden Erscheinung machen können. Das hatte mir der honigfarbene Strohhut-Kordmann vermasselt. Darauf bestand ich. Und warum hatte ich mir zwei Hemden gekauft, aber keinen Hut? Hemden hatte ich mehr als ich noch tragen konnte. Aber mein einziger, abenteuerlich schöner Sommerhut war weg! Man muss es aushalten, sich zum Rätsel zu werden.

Aus der Stadt zurückzufinden in die Via delle Penne war jedesmal aufregend. Hinaus kam man von selbst. Zurück erst, wenn man oft genug an der Einmündung vorbeigelaufen war. Auch da: Ich durfte einfach nicht suchen. Ich bin zum Finden verurteilt. Kaum zurück in der ewigen Dämmerung meines Zimmers, des Zimmers 310, wurde ich förmlich überfallen von dem Satz: Rom ist mein Jenseits. Zum Glück musste ich, wenn Sätze mich auf diese Weise überfielen, nicht versuchen, mir die Richtigkeit oder Wahrheit solcher Sätze zu beweisen. Rom ist mein Jenseits. Ganz klar war, dass der Satz keinesfalls hätte heißen können: mein Jenseits ist Rom. Zum Glück gibt es dieses Gefühl, dass ein Satz stimmt. Unnötig dazuzusagen: Für mich. In mir. Rom ist mein Jenseits. Basta. Das Jenseits ist eine andauernde Leistung. Wenn man aus irgendeinem Grund erschöpft ist, stellt es sich nicht ein. Dann ist man reglos, wehrlos, leblos, also nicht so lebendig, dass das Sterben zur Anregung werden könnte. Man wird da weder vernichtet noch nicht vernichtet. Man verdämmert und hechelt vielleicht. Aus der Tiefe rufen wir ... Das Jenseits aber ist ein Schrei. Wenn du wieder Luft hast. Die gewöhnliche Enge hat sich aufgelöst. Anstatt befriedigt oder weise oder dankbar zu ersticken, tust du wieder alles, um Luft zu kriegen. Und kriegst Luft. Soviel Luft wie du brauchst für den Jenseits-Schrei.

Am zweiten Tag ging ich sorglos, angstlos die Ripetta hinunter, aber dann doch auf dem Trottoir, auf dem der Starrer mit dem Drahtdackel nicht stehen würde. Weil er an diesem Tag überhaupt nicht da war, durfte ich das Gefühl haben, den sei ich los geworden. Dann ein kurzes Verharren bei der schönen Römerin, die samt Kind, mit gnädigster Anteilnahme auf die hinaufbetenden Landleute hinabschaut. Es fiel mir wieder schwer, die vom Staub und Dreck der Wege dunklen Fußsohlen des Mannes schmutzig oder dreckig zu nennen, obwohl der Maler sie genau so gemalt hat: dreckig. Aber diesmal blieb ich bei den Händen des Pilgerpaars. Die sind von der Arbeit so mitgenommen, dass beide, Mann und Frau gerade noch die Fingerspitzen zu einander bringen. Da denkt man natürlich, wie perfekt bessergestellte Beter ihre Hände zu falten vermögen. Aber ich wollte diesmal ja nach vorne, zu dem das linke Seitenschiff beschließenden Altar. Kein Altarbild, eine Skulptur. Wieder Maria, und auf ihrem linken Knie das Jesuskind. Maria dell' Parto. Maria von der Geburt. Eine Art Muschel schirmt die beiden Säulen links und rechts, und über allem die Schrift VIRGO TUA GLORIA PARTUS. Jungfrau, dein Ruhm ist die Geburt. Oder auch nur: das Kind. Auf jeden Fall: VIRGO. Der Maler der Pilgermadonna hat eine Römerin seiner Zeit gemalt, der Bildhauer dieser Madonna hat an eine Römerin der Antike gedacht. Und an der linken Seitenwand, der Sarg der Heiligen Monika. Der Mutter Augustins. Da setzte ich mich in eine Bank und versuchte, nichts zu denken. Aber die naseweisen Wörter ließen sich nicht abhalten, mir zu sagen, dass ich doch bei einer Art Satz gelandet war: Du glaubst, was nicht ist. Dann ist es. Schrecklich, diese Unabweisbarkeit der Wörter. Das war noch zu üben, die Gegenwart von Erwünschtem ohne Wörter. Wär ich doch ein Kirchenmaler. Gerade beschäftigt mit einem Deckengemälde, gerade dabei, eine wild entschlossene Engelschar zu malen. Wild entschlossen, diese in den Himmel reichende Kirchendecke zu tragen. Sie stehen mit ihren Füßen in der Luft. Allenfalls auf unsoliden Wolken. Und können doch den gewaltigen Himmel tragen. Im Himmel sitzen die in den Himmel gehörenden Figuren. Die scheinen alles andere als leicht zu sein. Aber meine Engel stemmen die Himmelslast. Die Engel gehören weder in den Himmel noch auf die Erde. Sie gehören in die Luft. Sie wissen gar nicht, was sie stemmen und tragen, aber sie stellen sich etwas vor. Das sieht man ihren sehr entschlossenen Gesichtern an. Sie würden den Himmel genau so stemmen und tragen, auch wenn er leer wäre. Ich werde, so weit es geht, den Engeln physiognomische Ähnlichkeiten mit mir geben. Das muss möglich sein. Mir wird doch immer wieder Knabenhaftigkeit nachgesagt. Die Engel werden mir gleichsehen. Deshalb bin ich Kirchenmaler geworden. Allerdings male ich (bis jetzt) nur Engel. Den Himmel selbst beziehungsweise, was darin ist, Gott und so weiter, überlasse ich meinen Gesellen. Meine Gesellen haben bei mir gelernt. Sie sind wirkliche

Künstler. Große Künstler. Größere Künstler als ich es bin. Ich kann ihnen den Himmel und alles, was darin ist, schon überlassen. Gott und so weiter. Ich bin gespannt.

Dass ich den Engeln mein Gesicht geben darf, habe ich gelernt in Aichhalden, dort in St. Michael. Jan Verkade hat es vorgemacht. Als Pater Willibrord von Beuron nach Aichhalden geschickt, hat der die Heiligen an den Kirchenwänden viel zu weit hinaufgemalt. Aus feinster Scheu nämlich. Buben und Mädchen aus Aichhalden hat er in die Höhe gemalt. Als St. Vitus, Johannes, Stephan, Laurentius, Magdalena, Helena, Cunegund und so weiter. Und sich selber als den Bernard von Clairvaux. Alle Haltungen sind Heiligenhaltungen, alle Gesichter sind Aichhalden-Gesichter. Aber in dieser Höhe und Malart sind es genau so Heiligengesichter.

Anbetbar.

Noch wichtiger als durch sein Dorfgesichter-in-die-Höhe-Malen ist mir der Malermönch durch zwei Zeichnungen geworden, in denen er Eva und Maria jedesmal in EIN Bild bringt. Das hat außer ihm in 2000 Jahren, glaube ich, keiner vermocht. Wäre ich Milliardär, würde ich diese Zeichnungen kaufen und sie Eva Maria schenken.

Ich verabschiedete mich von der klassischen Maria und von der anderen auch, dann ging ich die basilikabreite Freitreppe wieder so langsam wie möglich hinab. Aber meine Schuhe zog ich diesmal nicht aus. Und kaufte kein Hemd. Ich summte Maria durch ein Dornwald ging. Das konnte ich summen, ohne an einen Text zu denken. Nicht gleich, aber dann doch. Dann war es nur noch ein Gesumm. Gesumm, du bist mein Jenseits.

Rom hatte mich gestärkt. Objektiv gestärkt. Diese und jene Kleinmütigkeit war zum Verstummen gebracht worden. Und als ich wieder auf Platz 32 A saß und zurückflog und mich schon bereit machte, den eisigen Viertausendern ins Ewigkeitsgesicht zu schauen, kam die Stewardess und brachte mir meinen Hut. Ja, den hatten sie natürlich geborgen und der Passagier 32 A wurde identifiziert und es wurde festgestellt, dass der am dritten Tag zurückfliegen würde. Also es lebe der Service! Da ist Ihr Hut, Herr Professor! Ich bedankte mich, legte den Hut neben mich auf den wieder frei bleibenden Sitz, dann wandte ich mich dem sogenannten ewigen Eis zu. Aber die rechte Hand ließ ich beim Hut. Da er sehr weich ist, war die Hand angenehm beschäftigt. Sie versprach dem

Hut, dass er nie mehr vergessen werde, egal, wer sich vor uns aufstellen würde. Es war ein Kraftgefühl. Eine Gefühlsdeutlichkeit. Das sollte ich spüren. Und mir sagen: So ein Wie-auch-immer-Starrer mit dem grobschlächtigsten Karo der Welt kann dich, wenn du von Rom kommst, anstarren so lang er will, du bist unerreichbar. Und ich spürte, wie die rechte Hand und der Hut das mitmachten. Der Hut fühlte sich jetzt sogar an, als wolle er gleich aufgesetzt werden. Dazu war ich nur allzu bereit.

**3.**

Rudolf Breitwieser und ich sind gleich lang in Scherblingen. Dreißig Jahre. Er ist der Mesner der Stiftskirche, ich Chefarzt des PLK. Breitwieser ist aus Brauchhausen, also keine zehn Kilometer von Letzlingen. Allerdings war er schon vierzig, als er hier anfing. Mir musste er auffallen, weil er, was er in der Kirche tat, mit einem fast schon peinlichen Ernst tat. Ich sitze ja immer wieder ohne Anlass im Kirchendämmer und lasse Zeit vergehen. Wenn der hinkende Breitwieser in der leeren Kirche von links, vom Glockenstuhl, nach rechts in die Sakristei geht, dreht er sich jedesmal zum Hochaltar, macht eine tiefe Kniebeuge und bekreuzigt sich. Und wenn er von der Sakristei zurück zum Glockenstuhl hinkt, wieder die Kniebeuge und das Kreuzzeichen. Und das immer in der ausführlichsten Art, die man, glaube ich, die orthodoxe nennt.

Wir sind fast Freunde geworden. Er hat mir einen Schlüsselbund gegeben, ich kann jeder Zeit in die Kirche, ich kann sogar in die Sakristei und dort alles, was verschlossen ist, öffnen. Ich habe ihn nicht belogen, als ich sagte, dass ich manchmal den Wunsch hätte, bei den Gefäßen und Gewändern zu sein, die die Gläubigen nur von fern zu sehen kriegten. Seit ich ihn wissen ließ, dass der letzte Scherblinger Abt, der Reichsprälat Eusebius Feinlein, ein Vorfahr von mir war, darf ich in der Kirche tun, was ich will.

Es gibt eine Sehnsucht, die nichts von sich weiß. Erst wenn man sich ihr überlässt, erfährt man, wohin sie einen haben will.

Es war an Maria Heimsuchung. Ich wollte wieder einmal die Dämmerung in der Kirche verbringen. Breitwieser wollte die Kirche gerade verlassen. Wir gehen nie nur grüßend an einander vorbei. Diesmal war er es, der anfing. Im Dezember wird er siebzig. Schluss mit Mesner. Ich weiß nicht, warum mir dazu nichts anderes einfiel als der Satz, dass ich Lust hätte, sein Nachfolger zu werden. Er lachte und sagte, er werde das dem Pfarrgemeinderat melden. So redeten wir draußen vor dem Portal. Er ging dann, drehte sich aber noch einmal um und sagte viel ernster: Die Vorbildung, Herr Professor! Haben Sie die?

Weil ich nicht gleich antwortete, sagte er: Ich, zuerst Metall-Lehrling, Abendabitur, Pflegerschule hier, durchgefallen, von 130 sind 19 durchgefallen, ich einer von ihnen, danach ging's abwärts. Geflohen. Auch vor mir selber. Nachts in Mannheim irgendwo geschnappt von den Agenten der Legion. Mannheim, Karlsruhe, Straßburg, Marseille, Saigon. Dschungelkrieg. Wenn es hinter dir raschelt, schießt du, schon bevor du dich umgedreht hast. Dann siehst du: Es war nur eine Frau. Oder ein Kind. Die Kugel im Bein ist die Rettung. Zurück. Da wartet nur der Alkohol. Bis ich hier in der Kirche hock und Pfarrer Weimer kommt. Ich sofort: Alkoholiker! Heute trocken. Das ist AA-Jargon. Der Pfarrer weiß Bescheid; das heißt: Seit einem Jahr. Und nimmt mich mit. Bringt mir die Mesnerei bei. Von selber kann man das nicht. Nichts für ungut, Herr Professor. Sie sind ja noch nicht im Gelände gewesen, als sie mich hier haben durchfallen lassen.

Und ging. Das war eine Lektion. Weil ich so dahingesagt hatte, dass ich sein Nachfolger werden möchte. Das hat er zuerst für einen Witz gehalten, dann für eine Anmaßung.

Breitwieser ging heim, ich in die Kirche. Ich sitze immer so, dass ich hinaufschauen kann auf Norberts gemaltes Leben. Auf den sich sträubenden Knaben.

Ad omne opus bonum paratus. Zu jedem guten Werk bereit. Wenn ich Breitwieser den Prämonstratenser-Spruch gesagt hätte, hätte ich ihn erst recht verstimmt. Wenn ich sage, dass ich gern Mesner der Stiftskirche wäre, ist das, so lustig es klingen mag, ernst gemeint.

Ich konnte ihm und kann ihm immer noch nicht sagen, wie ich das gemeint habe. Mesner der Stiftskirche. Alle Bewegungen so peinlich ernst exekutieren wie Breitwieser. Eine alle Nachfrage abweisende Konzentration auf das, was ich in der Kirche zu verrichten habe. Dr. Bruderhofer darf nicht den Übermut haben zu fragen: Warum macht er das? Kein Tag länger Chefarzt. Bitte, Herr Dr. Bruderhofer, ergreifen Sie das Ruder, segeln Sie das Schiff Scherblingen, wo Sie's hinhaben wollen. Aber lassen Sie mich in Ruhe. Keine Nachfrage. Kein Kommentar. Jedem, der mich mein Mesneramt verrichten sieht, muss jede Frage im Hals stecken bleiben. Wie könnte ich Herrn Breitwieser dazu bringen, mich dem Pfarrgemeinderat zu empfehlen?

Herr Professor Dr. Dr. Augustin Feinlein will in seinem Ruhestand Stiftskirchen-Mesner sein. Basta.

So lange ich in der Kirche sitze und Zeuge werde, wie die Dämmerung das Licht schluckt, wie die Stille alles andere als lautlos ist, erlebe ich, wie mich alles, was mich hier umgibt, trägt. Wenn die Luft das Element ist, das Vögel und Flugzeuge trägt, wenn das Wasser das Element ist, in dem die Fische leben, dann ist diese Kirche mein Element. Als 1803 der Staat allen Klöstern das Ende befahl, mussten auch die Scherblinger Mönchspriester Weltpriester werden. Aber mein Vorfahr, jetzt kein Reichsprälat mehr im Fürstenrang, durfte in den Konventsgebäuden bleiben. Zwei Jahre nach der Aufhebung war die Gelübde-Erneuerung fällig. Von den neununddreißig Chorherren fehlten nur drei. Sechsunddreißig kamen noch einmal hierher, um sich als Prämonstratenser zu bekennen. Und waren ein Tag später wieder in den Gemeinden, denen sie jetzt als Priester dienten. Der Vorfahr aber fing an zu schreiben. Jetzt hatte er Zeit Kein Prior mehr, der ihm die Pflichtenliste vorhielt. *Gemeinnützige Schriften*, nannte er, was er schrieb. Und sein Thema: Die Reliquien-Verehrung. Es gebe keine Weltgegend, schrieb er, die reicher sei an Reliquienschätzen als das Land zwischen Donau und Bodensee. Und schilderte, wie sein Vorgänger, der Abt Benedikt Mangold, die Heiligblutreliquie vor dem Zugriff der wütenden Bauern hatte retten können. Das war am 17. Mai 1525. Die Bauern zerschlugen, was ihnen in die Hände fiel. Sie hatten einen Zorn auszutoben, der in Jahrhunderten gewachsen war. Dass sie dem Kloster untertan waren, leibeigen untertan. Dass das Kloster von ihnen verlangen konnte, was es wollte. Jeden Todesfall mussten sie mit Hab und Gut bezahlen. Den besten Rock, die beste Kuh, das beste Getreide. Der Abt hat, wie jeder weltliche Herr, jedes Dorf mit allem Drum und Dran verkaufen können an jeden, der kauflustig war. Die Äbte anderer Klöster flohen in die Städte. Benedikt Mangold rettete sich mit der Heiligblutreliquie durch eine Geheimtür in eine Art Wandschrank. Zwei Tage und zwei Nächte, teilt er mit, habe er da drin gebangt und gebetet. Und war doch selber ein Bauernbub aus der Gegend, ein Untertan, sprich Leibeigener, der jedem neuen Herrn, sei er Abt oder Fürst, hat huldigen müssen, also schwören, dass er nicht aus dem Dorf weglaufe, um in der Stadt ein Mensch zu werden. Und wer nicht so ein elender Untertan hat bleiben wollen, ist ins Kloster eingetreten, hat Latein gelernt und hat in Dillingen studiert und ist dann Chorherr gewesen oder Prior oder gar Abt, Reichsprälat, also einer den Fürsten gleich. Mit eigenem Wappen und Hermelin um den Hals. Und hat allein gegessen, der Abt und Reichsprälat. Und konnte regieren. Gut, mein Vorfahr, zuerst Franz Feinlein, habe sich, als er zweiunddreißig Jahre alt war und von den sieben Wahlmännern, den Compromissarii, die die neununddreißßig Chorherrn bestimmten, gewählt wurde, er habe sich, schreibt er, mit Tränen gesträubt. Auf den Boden habe er sich geworfen, vor seine Mitbrüder hin. Sie haben auf ihrer Wahl bestanden und so ist er Abt, Reichsprälat, Kirchenfürst gewesen bis zum Jahr 1803, als der Staat die Klöster auflöste. Um sich an ihnen zu bereichern. Und aufgeklärte Redensarten zu dreschen.

Der Abt Benedikt schrieb ins Klostertagebuch, er habe sich am 17. Mai 1525 nicht nach Biberach oder Ravensburg gerettet, weil er die Heiligblut-Reliquie nicht gefährden durfte. Dass er die Reliquie vor den aufrührerischen Bauern gerettet habe, das sei ein Dienst, den er den Bauern habe erweisen müssen. Die hätten in ihrem berechtigten Zorn über ihre elende Lage auch das Heiligste nicht schonen können. Dass ihm das gelungen sei, nennt er die wichtigste Handlung in seinem Leben .Mein Vorfahr Eusebius hatte sein erstes Erlebnis mit einer Reliquie als Student. An der Jesuiten-Universität in Dillingen, wo die meisten Chorherren und Äbte der Klöster des ganzen Landes sich ausbildeten, stand er kurz vor der Abschlussprüfung. Und da er als Letzlinger Bauernsohn, als siebtes Kind der Familie, nicht mit Selbstbewusstsein ausgestattet worden war, hatte er Angst, die Prüfung nicht zu bestehen. Das wäre das böse Ende seiner erwünschten Laufbahn gewesen. Und es stand gerade bevor die Hundertjahrfeier des Empfangs des Leibes des Heiligen Saturnin. Von Rom über Luzern und Meersburg ins Prämonstratenser-Kloster Weißenau. Dort seit hundert Jahren eine Sensation. Unzählige Wunder jeder Art bewirkte der heilige Saturnin bei denen, die ihn besuchten. Saturnin wurde jahrzehntelang ein Modename. Auch ein jüngerer Bruder von Franz Feinlein war schon Saturnin getauft worden. Nicht nur ein kostbares Teilchen, sei es ein Haar, ein Schuh oder ein Tropfen Blut, nein, dem Weißenauer Kloster war es gelungen, den ganzen Leib eines heilig gesprochenen Märtyrers zu erwerben. Den ganzen Leib, das heißt, das ganze Gebein. Das wurde damals vom 24. August, dem Bartholomäustag, bis zum 28. August, dem Tag des heiligen Augustin, stürmisch gefeiert. Vier Äbte trugen den Leib Saturnins, ein Bischof den Kopf, in einer triumphalen Prozession durch die prangende Natur. Und hundert Jahre später die Translationsfeier noch einmal. Und diesmal war Eusebius Feinlein, der noch Franz geheißen hat, dabei. Im September musste er in die Prüfung, also wallfahrtete er eilig von Dillingen nach Weißenau und wurde Zeuge der Jubiläums-Prozession. Und hörte, wie ein Bischof allen die Urkunde vorlas, die vor hundert Jahren von Rom mit dem Gebein des Saturnin nach Weißenau gekommen war, als Echtheitsnachweis. Und Franz merkte sich jedes Wort und schrieb's in seinen Worten ins Tagebuch: Weil es Zweifel gegeben hat, ob in dem Sarg unterm Laurentius-Altar in Rom wirklich Saturnin ruhe, wurde im Beisein von Edlen und Gemeinen der hölzerne Sarg, der in einem Marmor-Schrein aufbewahrt worden war, geöffnet. Und weltliche und geistliche Würdenträger überprüften mit eigenen Händen, dass in dem Sarg alle Gebeine waren, die zum Leib eines Menschen gehören.

Eusebius konnte sogar einen Mönch überreden, ihn Saturnins heiliges Gebein berühren zu lassen. Die Prüfung in Dillingen wurde mit Auszeichnung bestanden. Franz konnte Eusebius werden. Das Kapitel, in dem er das erzählt, überschreibt er: *Gedencket zuruck an die vorigen Zeiten*. Er schrieb jetzt ja in deutscher Sprache und ließ, was er verfasste, in der Scherblinger Druckerei Unold drucken.

Aber das Motto blieb doch im schlichten Latein: De forti dulcedo. Vom Starken kommt Süßes.

Ach Eusebius.

Zwischen Donau und Bodensee. Ein Menschenschlag, der für seine tüchtig-praktische Art immer noch berühmt ist. Und nirgends sind mehr Reliquien heftiger verehrt worden als zwischen Donau und Bodensee. Und was für Reliquien! In einem Extraglas Blut des heiligen Saturnin! Und Fäden aus dem Gewand Marias und Haare von ihr und Teile des Moses-Stabs, mit dem er Wasser aus dem Felsen schlug, und Partikel des Golgatha-Kreuzes und der Schwamm, mit dem Christus am Kreuz Essig gereicht wurde und Milch der allerseligsten Jungfrau Maria und ein Stück von Christi Nabelschnur und eben auch, als das Allerheiligste, das Blut des Gekreuzigten und – man soll das nicht verschweigen – die heilige Vorhaut Jesu Christi. Heiligtümer hat man diese Objekte genannt. Und es waren hunderte, wahrscheinlich tausende zwischen Donau und Bodensee. Die Äbte schickten gelehrte Mönche nach Rom, dass sie aus der dort ausliegenden Reliquien-Liste Märtyrer-Reste auswählten und bezahlten und dann die Schätze heimbrachten, zum Ruhm und Segen des eigenen Klosters. Von den Stäben Aarons und Moses bis zum Stab des heiligen Magnus, der herumgereicht wurde, um Flurschaden zu verhüten. Mein Vorfahr will die Reliquien gegen ihre Erklärer verteidigen. Da hatte man in einem Kristall angeblich Tropfen des heiligen, des allerheiligsten Blutes. Andererseits war vorgeschrieben, in jeder Messe eine Wiederholung des letzten Abendmahls zu erleben, Brot und Wein werden verwandelt in Leib und Blut Christi.

Das historische Blut Christi und das dogmatisch unumstößliche sakramentale Blut Christi, das ist für den Vorfahr kein Gegensatz, kein Streitpunkt.

Er erzählt die Legenden, mit denen die mehr oder weniger Gläubigen sich den Weg bebildern, auf dem das heilige Blut gerade in diese Kirche, in diese Sakristei, in dieses Kreuz, in dieses Reliquiar gekommen sei. Er lässt die Legenden aller mit einander konkurrierenden Klöster gleichermaßen gelten. Am ausführlichsten erzählt er, wie Scherblingen zu seinen heiligen Blutstropfen gekommen sein soll. Hier war es kein römischer Soldat Longinus, der Tropfen des Blutes, das er gerade mit seiner Lanze vergossen hatte, gleich auffing und bis zum eigenen Märtyrertod bewahrte und weitergab. So kam's über Mantua und feudale Hilfspersonen nach Weingarten. Scherblingen berief sich auch nicht wie Weißenau auf Maria Magdalena, die von Christi Blut getränkte Erde auflas und damit übers Meer nach Marseille floh und dies edle Gut, wieder mit feudaler Hilfe, von Merowingern bis zu Habsburgern, retten und ins Oberland liefern konnte. Scherblingen kann sich auf Johannes, den Lieblingsjünger persönlich berufen, der, als er den toten Christus auf Marias Schoß liegen und bluten sah, plötzlich wusste, was für ein kostbares Nass da niederlief. Und er hatte von einem römischen Offizier, mit dem er zwei Tage zuvor ein gelehrtes Gespräch über jüdisches Altertum geführt hatte, ein Tränenkrüglein geschenkt bekommen. Das sind fingergroße Glaskrüglein in Vasenform. Feinere römische und orientalische Damen machten damit ihre Tränen verschenkbar. In solch ein Krüglein rettete er Christi Blut. Dann geht's durch die Jahrhunderte. Hier sind es schließlich Kreuzritter, die das edle Gut in der Felskammer bei Ephesus entdecken und es glücklich heimbringen. Nach Scherblingen. Und da hat man's jetzt. Und es hat in der Produktion des Reliquiars jede Zeit ihren Stilwillen verwirklicht. Wichtig ist, dass die Blutstropfen unangerührt blieben. Der Abt Benedikt Mangold, der aus Oberdischingen stammt, hat den Bergkristall im Jahr 1529 mit seinem Abtssiegel verschlossen. Und was auch immer dann an Gold und Edelstein um den Bergkristall herumverfeinert wurde, das Reliquiar blieb vertrauenswürdig verschlossen. Bis auf den heutigen Tag, schreibt Eusebius Feinlein in seiner *Gemeinnützigen Schrift*. Aber auch diese historisierende Legende beeindruckt ihn nicht. Dann erzählt er eine Parallel-Legende: Die Auffindung und Rettung und Weitergabe der Vorhaut Christi. Heißt Praeputium, oder das Praepuz. Es ist die längste Zeit in einer Laterankapelle auf der Rückseite eines goldenen Kreuzes in einer silbernen *Theca* aufbewahrt worden. Und Karl der

Große hat dieses Kreuz samt Präpuz dem Papst als Prozessionskreuz geschenkt. So kamen Kreuz und Präpuz in eine Laterankapelle. Und die heilige Brigitta von Schweden, gestorben im Jahr 1373, und heilig gesporchen schon 1391, schrieb in ihren *Revelationen* – und das kann nichts anderes heißen als Offenbarungen –: Und Maria sprach: *Als mein Sohn beschnitten wurde, bewahrte ich diese Membrane überall auf, wo ich hinging. Wie hätte ich sie der Erde übergeben können, sie, die von mir ohne Sünde gezeugt worden war.*

Sie habe sie dem heiligen Johannes übergeben, dazu auch noch Blut aus den Wunden des Gekreuzigten.

Und schließt: „

*O Rom, o Rom! Wenn du wüsstest, würdest du dich freuen, ja, wenn du weinen könntest, würdest du ohne Unterlass weinen, weil du einen mir so teuren Schatz hast und ihn nicht verehrst.*

Der Schatz wurde gehoben, wurde verehrt und sogar geraubt, 1527: Sacco die Roma. Ein französischer Soldat war der Räuber. Von da an kursierte die Reliquie in Europa. Eusebius zitiert, wie die Erklärer mit dieser Ubiquität umgingen. Gott habe dieses heilige Ding auf wunderbare Weise vervielfältigt, wie er in der Heiligen Schrift Wein und Brot und Fische vermehrt habe. Die

Wirkungen dieser Reliquie imponierten dem Vorfahr mehr als die Erklärungen. Wo die Reliquie beschrieben wird, wird immer ihre unaussprechlich große Kraft erwähnt. In Nordfrankreich wird, sobald die Reliquie aus der Sakristei getragen wird, die Kirche von einer Wolke verhüllt, in dieser Wolke blitzt und flammt es, alle Gläubigen weinen und schluchzen, später erzählt der Geistliche, er sei die ganze Zeit wie bewusstlos gewesen. Und die Österreicherin Agnes Blannbekin spürte die Reliquie immer am Fest der Beschneidung, also am 1. Januar, auf ihrer Zunge. Und sie schluckte jedesmal, was sie auf der Zunge hat. Dabei war sie innerlich voller Licht und sah sich selbst ganz und gar. Und konnte vom Erlebnis süßer Gerüche schwärmen. Aus solchen Nachrichten gewann der Vorfahr eine Art Kenntnis über die Glaubensleistungen vergangener Jahrhunderte. Und das ist der Satz, in den seine Nachforschungen münden: Es ist nicht wichtig, dass Reliquien echt sind.

In einer von Jesuiten herausgegebenen Zeitschrift des Jahres 1899 habe ich die Frage gelesen: Seu una reliquia fosse falsa? Eine rhetorische Frage. Kann eine Reliquie falsch sein? Nein. Sie wird ja erst durch den Glauben geheiligt beziehungsweise echt. Unsere europäischen Vorfahren haben auch gewusst, was man wissen kann. Aber sie haben geglaubt, was sie glauben wollten. Wie schrieb der Vorfahr? Glauben heißt, Berge besteigen, die es nicht gibt. Musik gäbe es ja auch nicht, wenn man sie nicht mache. Glauben, was nicht ist, dass es sei. Ohne das Geglaubte wäre die Welt immer noch wüst und leer. Sobald er einen Glaubenssatz ausprobiere, fühle er sich widerlegt. Sein Fehler: Wörter zu suchen für ein Glaubensgefühl. Solange er nicht von seinem Glauben rede, fühle er sich erfüllt. Unwillkürlich. Die Wörter seien inzwischen in Schulen gegangen, in denen das Glaubenkönnen abgeschafft worden ist. Aber Glauben und Unglauben seien kein Gegensatz, sondern ein Vorgang, eine Bewegung, die nicht aufhören dürfe. Das unaufhörliche Hin und Her zwischen Glaubenwollen und Nichtglaubenkönnen verantwortet der, in dem es passiert. Der Wissende hat sein Wissen immer von einem anderen. Auf den kann er sich berufen. Der Glaubende, ob er glaubt oder nicht glaubt, er beruft sich auf sich selber. Ihm, schreibt er, tun die Wörter weh. Und schließt: Wir glauben mehr als wir wissen.

Ach Eusebius. Adieu.

## 4.

Dr. Bruderhofer ist mit der Frau verheiratet, die meine Frau sein könnte. Er ist einundvierzig, sie ist neunundfünfzig. Ich dreiundsechzig. Egal, wie das gekommen ist, es ist so gekommen. Eva Maria ist eine Frau, die ruhig achtzehn Jahre älter sein darf. Das hat Dr. Bruderhofer erfasst. Vorher war sie mit dem Grafen Wigolfing verheiratet. Davor mit mir befreundet. Früher hätte man gesagt verlobt. Kennengelernt im Latein-Seminar in Konstanz. Sie studierte Alte Sprachen, ich verbesserte mein Latein. War schon Assistenzarzt in den Schmieder-Kliniken.

Es war im Sommer 70. Richard Sandro von Wigolfing war Patient, harmlos. Zyste im Innenohr. Wir wurden Freunde. Er lud mich ein auf sein Schloss, zwischen Schaffhausen und Stein am Rhein, auf der deutschen Seite. Dahin hat er mich eingeladen. Meine Freundin Eva Maria habe ich mitbringen dürfen. Graf Richard war gerade frisch geschieden. Drei Wochen später heirateten sie. Eva Maria und der Graf.

Eva Maria stammt aus Ulm, ihre Familie hat da seit eh und je ein Schuhgeschäft. Sie war zweiundzwanzig, studierte in Konstanz Alte Sprachen. Wir hatten uns kennengelernt, weil ich noch ein Latein-Seminar mitmachte. Ich hatte auf der Schule in Biberach zu wenig Latein gelernt. Eva Maria war im Seminar unangefochten Nummer eins. Am Ende des Semesters gab sie ihre Antworten nur noch in Latein. Der Professor hätte sie, wenn seine Frau es zugelassen hätte, sofort geheiratet. Das sagte er freimütig im Seminar. Allerdings auch in Latein. Seine Frau sei das obstaculum obsoletum. Aber dann wurde sie Eva Maria von Wigolfing.

Eva Maria hat in Konstanz studiert, weil sie Wasser braucht. Sie ist eine Schwimmerin. Zuerst in der Donau, dann im Bodensee. Sie schwamm eigentlich Tag und Nacht. Studentenmeisterin. Deutsche Meisterin. Olympiadeteilnehmerin. 200-Meter Freistil, die Bronzemedaille um 4 Hundertstel Sekunden verfehlt. Sie war die erste Frau, die den Bodensee von Bregenz bis Konstanz durchschwommen hat. 25 Stunden und 15 Minuten hat sie für die 64 Kilometer gebraucht. Im Seminar wurde sie gefeiert. Sie saß auf dem Podest, auf dem auch der Katheder steht. Unser Professor unterhielt sich mit ihr in Latein über die Stunden im See. Sie wusste viele Wörter nicht. Der Professor sagte, sie gehöre zum genus natantum. Natare necesse est, kalauerte er. Ich saß in der ersten Reihe. Schräg unter Eva Maria. Es war die Zeit der kürzesten Röcke. Zuerst lag ihr linkes Bein über dem rechten, ihre Knie über einander. Ihre Schenkel. Durch die übereinandergeschlagenen Beine kam es zu einer Enge, zu einer Schenkel- und Knie-Enge. Und die Schenkel sichtbar bis unter den kurzen, auch noch gefransten Jeans-Rock. Aber die Knie, die Schenkel, vor allem die Schenkel. Bei mir hat sich das Wort Schenkelbuge eingefunden, wenn in mir diese Schenkel auftauchen. Die tauchen eigentlich nicht auf. Die verschwinden ja nicht. Die sind immer da. Ich kann mich verfolgt fühlen. Von diesen Schenkeln. Natürlich, oben, die Frau, nein, das Mädchen. Eva Maria ist einsfünfundsiebzig groß. Genau wie ich. Und eine Frau, die so groß ist wie du, ist natürlich größer als du. Ihr Gesicht, nicht bloß ein Mädchengesicht, der ein bisschen vorspringende Mund, zu den unternehmungslustigen Augen passend, insgesamt, in Aussehen und Bewegung strahlt sie Entschlossenheit aus. Schon durch diese kurz geschnittenen Haare. Rötlich. Wenn Gold und Rot sich mischen können. Das sind ihre Haare. Es gab dann nach der Feier im Seminar ein Zusammensein, nannte man Hock, dann durfte ich sie nach Litzelstetten hinausfahren. Sie wohnte so, dass sie jeder Zeit in den See konnte. In dieser Nacht taufte ich sie Artemis. Dann also Graf von Wigolfing: Bringen Sie mit, wen Sie wollen. Schloss Wigolfing. Wir saßen auf der Schlossterrasse. Vor uns der Schloss-Weiher, der sich bis in den umgebenden Wald hinein erstreckt. Unser Schicksalsweiher, sagte er. Sein Vater habe sich im Dezember 1945 an den Weiher gelegt, da, ein paar Meter neben dem Steg, der seinerseits ein Eisenbauwerk des 19. Jahrhunderts ist. Ein Eifelturm als Steg, sagte der Graf so, dass man hörte: das formuliert er immer so. Im Dezember erlaube der Wasserstand keinen Selbstmordsprung vom Steg. Also legte sich der Vater ans Ufer, schob sich ins Wasser, bis es zum Ertrinken reichte. In seiner vollen Uniform. SS-General. Zuletzt in Belgien. Sollte der Blauen Division von Leon Degrelle das Kämpfen beibringen. Dann in der Sträflingskluft von Belgien an den Oberrhein. Zu Fuß. Eine KZ-Häftlingskluft. Auch das wurde als Pointe serviert. Dann meldet ein Kamerad, dass man hinter ihm her sei. Dann legt er sich hin und schiebt sich ins Wasser. Graf Sandro sei da sieben gewesen. Dass das Schloss kein Schloss mehr, sondern eine Villa Wahnfried Nummer zwei sei, sei uns sicher aufgefallen. Er habe doch schon als Schüler in Salem angefangen, kleine Figürchen zu produzieren aus allem, was sich biegen lässt. Später sei daraus sein *Play Bibel* geworden. Inzwischen werde es verkauft in über hundert Ländern. Von Adam und Eva, Josef und seinen Brüdern bis kurz vor Christus. So hat er sich's leisten können, aus dem Schloss eine millimetergenaue Nachbildung der Wagner-Villa zu zaubern. Das war der Augenblick, wo uns bewusst wurde, dass wir schon die ganze Zeit aus dem Haus Wagner-Musik hörten. Eva-Maria sprang auf, ging hinunter auf den Steg, schlüpfte aus ihren Kleidern, hechtete ins Wasser und kraulte davon. Ich habe dem Grafen Eva Marias Wasserleidenschaft erklärt. Drei Wochen später also : Eva Maria Gansloser und der frisch geschiedene Richard Sandro Graf von Wigolfing. Am Hochzeitstag eine Karte, Picasso *Sitzender Rückenakt*, 1902: Blaue Periode. Und als Text: Ich werde dich immer lieben. Bis bald. Eva Maria. Solange sie mit dem Grafen lebte, reiste, gab es Kartengrüße, einmal pro Jahr. Immer mit der Abkürzung in großen Buchstaben: I W D I L, BB.

Eine der Sehnsüchte des Grafen: Er wollte der erste über sechzig sein, der die Eiger-Nordwand im Alleingang bezwingt. Aber ein Wettereinbruch, er stürzte, blieb mit einem Fuß im Seil hängen und erfror.

Von jetzt an führt der Neid Regie in meinem Bericht.

Ein Freund: Sei halt nicht mehr dagegen, dass du neidisch bist. Gönn dir den Neid.

Dr. Heinfried Bruderhofer also. Zwei Jahre, nachdem Graf Richard Sandro in der Eiger Nordwand verendete, heiratete er die Witwe Eva Maria Wigolfing, geborene Gansloser. Der Graf ‚selber ein mäßiger Segler, hatte Dr. Bruderhofer seine Prachtyacht *Tamara* überlassen, dass der damit Trophäen erobere. Dr. Bruderhofer gewann mit *Tamara* alles, was es auf dem Bodensee zu gewinnen gibt. In einem Interview sagte Dr. Bruderhofer, er sei zum Segeln auf die Welt gekommen.

Am Tag der Hochzeit mit Dr. Bruderhofer eine Karte, allerdings in einem Kuvert, vorne Gustav Klimt, *Danae*, 1907, hinten Text: IN LIEBE EVA MARIA. Danae in orgiastischem Jugendstil. Die wurde, weil sie untreu war, in einem Kasten aufs Meer geschubst. Zeus hat sie als Goldregen geschwängert. Ihr Vater glaubt ihr das nicht, sperrt sie in einen Kasten, den er ins Meer werfen lässt. So schwimmt sie davon. IN LIEBE EVA MARIA.

Ich habe durch die Wälder laufen müssen. Rennen müssen. Und schreien. Nicht laut schreien. Laut schreien liegt mir nicht. Leise habe ich schreien müssen. Tagelang. Und nächtelang. Und mich bekannt machen müssen mit der Aussichtslosigkeit. Versuche keiner, sich mit diesem Wort, mit diesem Zustand zu beschäftigen. Es gibt keinen Verständniszugang zu diesem Wort, zu diesem Zustand, wenn es nicht dein Zustand ist. Du kommst nicht in Frage. Das ist der Zustand. Ich werde dich immer lieben. Bis bald. Du kommst nicht in Frage. Du kannst diesen Zustand bei dir nicht durchsetzen. Du kannst ihn hundertmal durchsetzen. In einer unbewachten Hundertstelsekunde stellt er sich wieder her als ein Hoffnungsblitz, als Illusionsgewalt. Eine Zeit lang bin ich bei James Cagney gelandet. Er hat in allen seinen Rollen meine Rolle gespielt. Das Kinn angezogen, der Mund gepresst, die Augen schutzlos. Ich hätte nie gedacht, dass ich mich einem Schauspieler so verwandt fühlen könnte. Dann habe ich die zweite Dissertation geschrieben. Über das Erschöpfungssyndrom. Keine Aussicht auf Entlastung. Endet in der klassischen Depression. So, also durch Eva Maria, bin ich überhaupt in die Psychatrie gekommen.

Nicht in Frage kommen. IN LIEBE.

Du nimmst zu Hilfe, was es gibt. Psychologie, Logik, Astrologie, Philosophie, Religion. Je mehr du redest, desto weniger kommt, was du redest, in Frage. Deine Niederlagen sind die Siege des Unerklärlichen, von denen es nichts weiß. Du müsstest hoffnungsloser werden mit jeder Niederlage. Aber im Gegenteil, von Niederlage zu Niederlage steigt deine Hoffnung. Vergleichbar den Niederlagen des Spielers, der mit jedem Verlust glaubt, die Wahrscheinlichkeit, dass sein Einsatz jetzt endlich dran sei, nehme zu. Die Erlösungsvorstellungen aller Märchen, aller Religionen bebildern die Unerklärlichkeit. Sich kaputtphantasieren. Das ist das Ziel.

Glauben lernt man nur, wenn einem nichts anderes übrig bleibt. Aber dann schon.

Am Tag kann man sich noch täuschen mit Tätigkeit und Ruhe, aber abends und in der Nacht, Leere mit Goldrand bleibt Leere, ich seh' der Zukunft ins schwarze Maul, in dem die roten Plastikrosen blühen. Egal ob es Gott gibt oder nicht, ich brauche ihn. Er ist die Schaufensterpuppe, die mir winkt, wenn ich vorbeigeh'.

Nachts gebetet, dass mir am nächsten Tage jede Kreuzung erspart bleibe. Ich wusste, ich würde stehen bleiben. Sitzen bleiben. Oder einfach geradeausfahren. Egal wohin. Bloß keine Kreuzung mehr. Keine So-oder-so mehr.

Ich war so weit weg von mir. Unter mir. Ich, mich anflehend, der Haltung nach. Zum Glück hörte ich mich nicht.

Wehe Wind diese Nacht heftig, lass mich nicht allein.

Diese Last, die dich jetzt regiert. Du wiegst mehr als die Welt.

Jeden Morgen aufstehen wider besseres Wissen. Und mit zugenähtem Mund. Du möchtest dir einbilden, du seiest etwas Besseres, weil es dir angeblich schlechter geht als dem und jenem. Das ist die Versuchung. Das war sie.

Die Träume. Du kennst keinen, dessen Träume du nicht kennst.

Alle angebotenen Traumdeutungen, die behaupten, Träume müßten, um verständlich zu sein, übersetzt werden, sind Müll.

Ich habe immer Szenen mit Wörtern geträumt. Wenn ich wach wurde, bin ich die Wörter nicht los geworden. Auch Sätze. Hört weg.

Ich muss es einmal sagen. Da sind einander gegenüber Augustin und Eva Maria und haben nur zwei Wörter. Fotze, sagt er. Schwanz, sie. Aber das ungezähltemal oft.

Ich ging immer an einer Wand entlang, die würde aufhören, dann begänne das Leben, die volle Berührung. Das war ein Irrtum. Diese Wand war das Leben.

Wir sind ein Echo von etwas, das wir nicht kennen.

Er will hier Chef werden. Er ist hier schon Chef. Glaubt er. Aber er ist noch nicht ernannt. Noch nicht Professor. Er kann nicht warten, bis es so weit wäre. Er macht mich herunter, wo er kann. Unverantwortlich, wie ich die Klinik leite. Gefährlich. Romantisch. Spinnig. Von vorgestern. So redet er. Und redet so, dass ich es erfahre. Er will, dass ich mich wehre. Dass es zum Streit käme. Öffentlich. Er will mich in der Zeitung lächerlich machen. Seine Neuroleptika gegen mein Johanniskraut. So stellt er sich das vor. Der Kampf findet jeden Tag statt, in jeder Sekunde. Letzte Woche, ein Siebenundvierzigjähriger wird eingeliefert, hat seine Frau mit dem Maurerfäustl acht- bis zehnmal auf den Kopf geschlagen, sie hat nach dem ersten Schlag noch reagiert, nach dem zehnten nicht mehr. Da stach er mit dem Küchenmesser in ihren Hals. Siebzehn Mal. Für jedes Ehejahr einmal. Dann hat er das Messer gesäubert und hat es in die Geschirrspühlmaschine gesteckt. Er hat, sagt er, seine Frau, um ihr das Leben zu erleichtern, immer mit allen Haushaltgeräten versorgt. Am Morgen danach zur Polizei. Berichtet, wie er seine Frau vorgefunden habe. Er sei es gewesen. Warum er das getan habe, sei ihm ganz unverständlich. In der Nachbarschaft war er beliebt. Der brave Bert, hieß er da. Wir sollen jetzt einmal pro Jahr feststellen, ob er immer noch schuldunfähig sei. Dr. Bruderhofer fragte mich, als wir den Fall im Kollegium besprachen, ob ich für den braven Bert die Schlafsacktherapie vorschlage. Und verbessert sich. Schlafsack komme ja nur bei weiblichen Patienten in Frage. Es klingt komisch, wenn ich sage, er verfolge mich. Aber es ist so. Und seine Potenzen nehmen jeden Tag zu.

Mein Ehrgeiz muss sein, so zu schreiben, dass Dr. Bruderhofer, wenn es ihm gelingen sollte, an das Manuskript zu kommen, ratlos wäre. Beim Titel Mein Jenseits , da würde er noch barmherzig grinsen. Dann die Überschrift auf Seite eins: Urim Thumim. Diese Wörter verlieren, wenn ich sie aus dem Hebräischen und Griechischen übersetze, die Kraft, die sie mir geben, so lange ich sie unübersetzt lasse. Und ihre abweisende, verschließende Kraft verlieren sie auch. Sie sagen soviel wie Vollkommene Erleuchtung oder Göttliche Leitung. Ins Trivialtheologische übersetzt: Offenbarung. Aber auch das nur, wenn man Kierkegaard mitdenkt: Die Offenbarung ist das Geheimnis.

Jedes Jahr segelt er mit Eva Maria an dieser türkischen Küste auf und ab, ohne dass er weiß, an was er vorbeisegelt. Von jedem Hafen Kartengrüße. Von ihm. Seine Verteiler hier: Frau Dr. Breit und Luzia Meyer-Horch. Die Karten landen am Schwarzen Brett, dass alle lesen, wie sich Herr Dr. Bruderhofer im Hafen von Fethiye befand, als er und seine Kumpane und Kumpaninnen den Wein aus Telmessos tranken zum frisch gefangenen Fisch aus der Fethiye Körfezi. Jeden Tag aus einem anderen Hafen, aus einer anderen Bucht. Die Häfen immer: Turbulenter Orient, die Buchten immer: Traumhaft. Und immer: Abseits von allem Tourismus. Der Tourist, der das mitteilt, ist ja keiner. Sobald Dr. Bruderhofer zurück ist, müssen immer alle den Film anschauen, in dem er die Turbulenz und die Traumhaftigkeit mit seiner Kamera eingefangen hat. Das Leitmotiv ist immer: Das Segelboot. Gechartert wird in Finike. Das sind gewaltige Schiffe. Heißen *Kasapoglu* oder gleich *Kybele*. Zweimaster. Mit Besatzung. Aber Kapitän immer Dr. Bruderhofer. Man muss wissen: Dr. Heinfried Bruderhofer stammt aus Leutkirch. Sein Vater hat lebenslänglich als Heizer auf dem Schloss Waldburg-Zeil gearbeitet. Zweihundertundvierzehn Öfen, heißt es, hat er in der kalten Jahreszeit, die dort ja nie aufhört, zu befeuern gehabt. Todesursache Bronchialkrebs. Klar, dass Heinfried aufs Wasser musste. Schon als er in Ulm studierte, segelte er auf dem Bodensee und wurde in irgend so einer Miniklasse Europameister.

In seinem Praxisraum sind alle Wände mit Seglerphotos bedeckt. Er in verschiedenen Booten. Immer hart am Wind. Sprühende Gischt. Und er auch in der schrägsten Lage ganz entspannt. Groß, schlaksig, heiter. Seine Mundwinkel zeigen, wenn er nicht spricht, immer nach oben. Nichts entscheidet seinen Gesichtsausdruck so sehr wie diese immer nach oben gebogenen Mundwinkel. Zusammen mit den jede Strenge mit Güte paarenden Augen, eine Freundlichkeitsschau schlechthin.

Die Postkarten des Ägäis-Seglers treffen, wenn Dr. Bruderhofer wieder zurück ist, immer noch ein und werden immer noch ans Schwarze Brett geheftet.

Vorbeigesegelt an Patara, wo Nikolaus geboren wurde. Vorbei an Kale, früher Myra, wo Nikolaus Bischof war. Und in Patara ist Paulus umgestiegen, als er von Ephesus kam, auf der Reise zurück nach Judäa. Heilige Namen. Zwei Jahre hat Paulus in Ephesus seine wichtigsten Briefe verfasst. Und Johannes adressiert seine Offenbarung, die geschrieben wurde auf Patmos, das der Segler links liegen lässt, Johannes adressiert an sieben Gemeinden, die erste davon ist Ephesus, an den Engel der Gemeinde Ephesus, darin der Satz, der mich immer trifft: Ich werfe dir aber vor, dass du deine erste Liebe verlassen hast. Und Johannes ist dort begraben und Maria soll dort ihre letzten Jahre verbracht haben. Dass sie überhaupt im Kreise der Artemis-Stadt Ephesus notiert wird, ist Botschaft. Die Kinder haben im alten Lykien immer nach der Mutter geheißen. Es gibt keine Gegend in der Welt, in der es die Frauen weiter gebracht haben als dort. Zuerst hieß die Anbetbarkeit Kybele, dann Artemis, dann Maria. Ach ja, Homer ist auch von dort, und Heraklit. Aber immerhin, Dr. Bruderhofer segelt wenigstens vorbei. Ich hab es nie auch nur in die Nähe geschafft.

Eva Maria ist heiter. Ich bin sicher, dass sie die Gesellschaft an Bord jeden Abend zum Lachen bringt. Sie selber lacht kaum. Sie ist steinig. Heiter, steinig, also nicht weich, der Mund steht ein bisschen vor, sie könnte ein Knabe sein. Dieses Gesicht kann nicht älter werden, vor lauter schönster Gefasstheit.

Ich kann doch nicht schon wieder fallen, liegen bleib ich keinesfalls, den Dreck scheu ich nicht, aber die Blicke der Vorübergehenden, die zum Glück vorübergehen, aber das Herabschauen und Murmeln können sie nicht lassen.

Ich schau nicht hin, wenn das Leben an mir vorbeigeht. Ich will das Leben, das an mir vorbeigeht, nicht sehen. Ich schaue weg, wenn das Leben an mir vorbeigeht.

Man nagt an den Fehlern herum, die so viel kleiner waren als die Folgen. Die Welt ist scharf auf Bestrafung. Jeder muss, um seine Strafe zu ertragen, ein bisschen strenger strafen, als er gestraft worden ist. Ein Strafcrescendo seit Jahrtausenden. Da kommt schon was zusammen.

Es ist das Gegenteil von Hilfe, wenn selbst mein heilig gesprochener Namenspatron in seinen Bekenntnissen gesteht: Trotzdem heilte jene Wunde nicht, die mir die Trennung von meiner früheren Geliebten geschlagen hatte. Hoffnungslose Qual erfüllte mich.

Der Dr. Bruderhofer-Segel-Film wird immer vorgeführt im Spankörble. So heißt die Aula der Krankenpflegerschule. Die Wände sind aus ineinandergeflochtenen Holzbändern, wie früher bei den Obstkörben. Die Schule war nicht umgezogen ins Neubaugelände drüben im Wald. Ich habe darauf bestanden, dass die Pflegeschülerinnen und -schüler immer noch in dem aus der Klosterzeit stammenden Bau ausgebildet werden. Drüben wartet ein Schulneubau. Sobald ich pensioniert bin, wird die Schule umziehen. Das ist abgemacht.

Geständnis: Seit ich die Madonna in San Agostino gesehen habe, wie sie, das Kind auf dem Arm, hinunterschaut zu den zwei armseligen Pilgern, die zu ihr viel inniger hinaufschauen als sie zu ihnen hinunterschaut, seit ich diesen kleinen hellen Fuß gesehen habe – nur ihr Gesicht ist genau so hell – diesen schwebenden schwerelosen kleinen Fuß und dieses Teilnahme wie ein Almosen spendende Gesicht, seit dem ist Eva Maria nicht mehr so aufdringlich da in mir wie vorher. Die Sehnsucht hat kein Ziel mehr. Sie ist nur noch sie selbst. Die Caravaggio-Madonna hat es gegeben. Sie ist mein Jenseits. An sie zu glauben ist einfach. Durch sie wird die Welt schöner als sie ist. Ich kann froh sein, dass Eva Maria mir die allegorische, jugendstilsüßliche Klimt-Madonna geschickt hat. Sie hat mir keine Sekunde lang zu irgendetwas gedient.

Der in keinen Namen zu fassende Reichtum, über den wir verfügten, ohne es auch nur im geringsten zu wissen, hat damals unser Dasein gestimmt. Auch das Entsetzlichste machte keinen Eindruck. Das Entsetzlichste gab es überhaupt nicht. Es gab nur immer die fröhliche Erwartung auf das, was gleich kommen würde, kommen musste. Keine Sekunde war dazu da, dass in ihr etwas erreicht sein konnte. Es gab schlechthin keine Gegenwart, keine Vergangenheit, es gab nur den ungeheuren Sog, den man jetzt Zukunft nennen kann. Damals gab es auch dafür kein Wort, keinen Namen.

Dr. Bruderhofer. Einsneunundachtzig groß. Honigfarbene und flaschengrüne Cordanzüge. Karierte Hemden. Grobkariert. Hört jemand mich schreien? Ich werde dich immer lieben. Bis bald. Siebzehn Jahre später: IN LIEBE, Eva Maria. Ich weiß, wie kräfteverzehrend es ist, etwas zu glauben. Andererseits: die Bedingung, die allein den Glauben produziert, heißt Aussichtslosigkeit. So lange noch etwas möglich ist, glaubt man nicht. Unmöglichkeit kann man nur mit dem Glauben beantworten. Not lehrt Glauben. Der Hochsprung. Von der Schwere geschleudert. Ans Firmament. Es küssend, erwachst du. Schäm dich nicht.

Meine Lage: Ich weiß nicht, wen ich hassen könnte. Ich muss hassen und finde keinen, den ich hassen könnte. Wenn ich nicht den Beruf hätte, den ich habe, würde ich sagen: Das macht mich krank. Ich bin ein Versager. Wenn du keinen findest, den du hassen kannst, bist du ein Versager. Hassen ist gesund. Ich sehne mich danach, hassen zu können. Umsonst. Also komme ich mir vor wie eine Supermarktschmiere, die hundert Verwendungen hat und für keine taugt. Mir haben die Undurchschaubarkeiten ein Dasein geliefert, in dem ich verurteilt bin, meinen Feind, wenn nicht zu lieben, dann doch so zu erleben, dass Hass undenkbar ist. Dr. Bruderhofer ist nicht hassbar. Ich könnte ihn umbringen, aber nicht hassen.

Graf Wigolfing war ein Kind, das zum Spielen geboren worden war.

IN LIEBE.
Ist das nicht deutsch? Ist das nicht ein Zuruf? Für immer? Ist das keine Reliquie? Bei meinem Vorfahr hätte ich lernen können. Es ist nicht wichtig, dass Reliquien echt sind. Und bei den Jesuiten: Seu una reliquia fosse falsa? Wie echt eine Reliquie ist, hängt davon ab, wie sehr du glauben kannst. Glauben ist eine Fähigkeit. Eine Begabung. Eine Kraft.

Du spielst den Ball. Er kommt zurück, je nachdem wie du ihn gespielt hast. In der Sakristei steht im extra verschlossenen Fach die Strahlenmonstranz mit dem Abtwappen und den Rosenkranzmedaillons, ein goldenes Kreuz, da wo sich die Balken schneiden, der Bergkristall, in den das heilige Blut eingelassen ist. Versiegelt vom Abt Benedikt Mangold. Wer das Blut im Kristall nicht sieht, stirbt innerhalb eines Jahres. Und in der Stiftskirchen-Decke der Pelikan, der sich die Brust aufreißt, und erweckt mit seinem Blut seine toten Jungen wieder zum Leben.

Wir stellen uns immer etwas vor. Andauernd läuft etwas ab in uns. Es gibt keine leere Sekunde. Auch die Leere ist eine Vorstellung. Ich weiß, dass es den Himmel nicht gibt. Aber es gibt das Wort mit allem Drum und Dran. Genau so die Hölle. Natürlich gibt es sie nicht. Aber wir haben sie geerbt. Himmel und Hölle. Innen sind wir ausgestattet mit Himmel und Hölle und mit allem dazwischen. Himmel und Hölle existieren, ohne dass wir daran glauben. So das meiste. Es existiert, ohne dass wir daran glauben. Aber wir glauben ja daran. Ganz von selbst. Unwillkürlich. Wenn es den Himmel gäbe, könnten wir nicht daran glauben. Erst wenn uns auffällt, dass wir daran glauben, merken wir, dass wir nicht daran glauben. Aber dieses Nichtglauben unterscheidet sich kein bisschen vom Glauben. Das ist EINE Art von Gefühl oder Existenz. Immer unterschieden vom Wissen.

Wie sagt der Vorfahr: Wir glauben mehr als wir wissen. Und die Wörter taten ihm dann weh. Ich möchte mich auch durch Sprachlosigkeit unangreifbar machen. Musik darf sein.
IN LIEBE.

Ich möchte gern gegen mich vorgehen, wenn ich mich bei solchem Wörterschlendern antreffe. Ich möchte einen Prozess anstrengen gegen mich. Obwohl ich weiß, aus Erfahrung weiß: Je ernster ich den Prozess gegen mich betreibe, desto unernster meine ich es. Das ist ein Gesetz. Jeder kann es bei sich, mit sich nachprüfen. Man könnte auch sagen: Je ernster einer den Prozess gegen sich betreibt, desto mehr wird daraus Ironie.

Dass es die Himmelskönigin Maria höchst persönlich war, die das weiße Ordensgewand dem Ordensstifter Norbert überreicht hat, wird vom Vorfahr nirgends bezweifelt. Das gehört bei ihm zum Kapitel: Glauben, eine Verschönerung der Welt.

IN LIEBE. Was wäre mein Leben ohne diese zwei Wörter. Es sind die einzigen Wörter, die mir nie weh tun werden. Ich werde dich immer lieben, hat seit dem keine Kraft mehr. Das ist ein Satz wie aus einem Formular.

IN LIEBE ist mein Jenseits. Glauben, was nicht ist. Dass es sei.

Jedesmal wenn eine Feindseligkeit wachsen will gegen die, die sich mühelos bewegen, erscheint IN LIEBE. Erscheint nicht optisch, nicht akustisch, sondern spürbar, nur noch spürbar. IN LIEBE. Wenn du nicht wärst, könnte ich nicht die ganze Nacht ins Dunkel schauen, als wär's ein Film. Du taufst meine Schlaflosigkeit. Meine Armut will keinen Namen als den deinen. Dieses Nichtbeimirbleibenkönnen, nenn' ich Sehnsucht. Ist kein Zustand, sondern eine Bewegung. Rasend langsam. Mein Jenseits ist auch nichts. Es ist ein Wunsch. Ein Bedürfnis. Ein Mangel. Ein Fehl.

Ich bin froh, dass ich etwas nachzuschlagen habe.
Hoffentlich brauch ich lange, bis ich es finde.

Von allen Menschen gleich weit weg, dann bist du am richtigen Ort. Dass jetzt niemand an mich denkt, ist ein Spazierstock. Dabei müsste ich froh sein, wenn Dr. Bruderhofer in diesem Augenblick nicht an mich dächte. Er denkt aber an mich. Caravaggios David hat in der ausgestreckten Linken den Kopf Goliaths, den er ihm gerade abgeschlagen hat. An den Haaren lässt er den Kopf baumeln. David, das Schwert noch in der Hand, ist ganz jung, Goliath ist mehr als doppelt so alt. Und ist, heißt es, ein Selbstporträt des Malers. Gemalt zwei Jahre vor seinem Tod.

Ich muss Dr. Bruderhofer eine Karte mit diesem Bild ins Fach legen. Er wird sich und mich in diesem Bild erkennen. Aber er wird nicht bemerken, dass ich der Maler bin.

Wenn man sich nicht mehr eingestehen darf, wonach man sich sehnt.
Aber dass der Glauben die Welt schöner macht als das Wissen, stimmt doch.

Der Seele die Augen ausstechen. Den Ohren das Denken verbieten.

Gäbe es Gott, dann gäbe es kein Wort dafür.

Ich habe gelernt, so leise zu schreien, dass ich mich selbst nicht mehr höre.

Dass es ernst ist, wissen wir, aber wir glauben es nicht.

Die Welt entspricht dir nicht, aber du sollst ihr entsprechen.

## 5.

Der Kantinenpächter und seine Frau. Herr Felgentreff und seine Frau, die von allen Helga genannt werden will. Ihr Mann aber will Herr Felgentreff genannt werden. Jeder hat ihn schon sagen hören, dass er stolz auf seinen Vornamen ist. Heinz. Aber diesen Vornamen will er nur in seinem Haus, draußen in Scherblingen hören, nicht in der Kantine, nicht im Geschäft. Herr Felgentreff ist durch mich vor achtzehn Jahren Pächter geworden. Er war immer beleibt, hatte schon damals seine glänzende Haarlosigkeit und eine überaufrechte Haltung. Aber nicht nur, dass es immer aussieht, als habe er den Kopf gerade zurückgeworfen, er hat diesen zurückgeworfenen Kopf immer noch ein bisschen gedreht. Das würde hochmütig wirken, wenn sein Gesicht nicht andauernd diese mühelose, glaubhafte Freundlichkeit ausstrahlte. Sein

Gang ist ein rotierender. Hände und Arme machen das überdeutlich, dass er, wenn er sich bewegt, rotiert. Die linke Hüfte vor, die rechte zurück, und die linke zurück, und die rechte vor. Die Hände und Arme schwingen mit. Und bedient nur mich. Alle anderen werden von Bedienungen bedient. Immer schon bedient er nur mich. Ohne jede Unterwürfigkeit. Er hat das am Anfang formuliert: Er war leidenschaftlich gern Kellner, jetzt ist er hier der Chef, aber dem anderen Chef gegenüber will er Kellner sein. Für immer. Da war es nicht verwunderlich, dass er mir bei einem Sylvesterball, beim Neujahrstrunk, zugeflüstert hat, von mir wolle er gern Heinz genannt werden. Nur von mir. Ich habe mich bedankt, habe selten von dieser Lizenz Gebrauch gemacht. Das war ein Fehler. Das hat ihn vielleicht gekränkt. Jetzt hat er sich gerächt. Auf dem letzten Sylvesterball hat er sich Herrn Dr. Bruderhofer auch als Heinz angeboten. Dr. Bruderhofer hat daraus sofort eine Sensation gemacht. Hat an sein Glas geklopft, es war ja schon nach Mitternacht, und hat laut bekannt gegeben, dass ihn wenige Ehrungen so gefreut hätten wie das Heinz-Angebot von Heinz Felgentreff. Und alle mussten ihre Gläser heben und auf diese Sensation trinken. Und dann die Krönung: Er bitte jetzt Helga Felgentreff um den nächsten Tanz. Frau Felgentreff ist zwar auch eher dick als schlank, aber ihr Temperament reißt ihr Gewicht andauernd zu den geglücktesten Bewegungen hin. Nicht nur wenn sie tanzt. Aber der Tanz mit Dr. Bruderhofer wurde ein großer Erfolg. Für beide. Sie wirbelten und zuckten und ruckten, es war eine reine Freude, ihnen zuzuschauen. Eine Beifallswoge. Dr. Bruderhofer hatte aus dem Tanz eine Huldigungschoreographie gemacht. Alles fand Helga zuliebe statt. Und sie wusste das sehr weiblich zu genießen.

Jetzt bedient Heinz Felgentreff also nicht nur mich. Der Instinkt des Kellners. Dr. Bruderhofer ist der nächste Chef.

Den letzten Sylvesterball hat Dr. Bruderhofer benützt, mir einen Schlag zu versetzen, der mir zeigen sollte, dass er hier gegen mich machen kann, was er will. Seine Schläge sind immer so konstruiert, dass ich mich nicht nur nicht wehren kann, sondern auch noch so tun muss, als merkte ich nichts von diesen Schlägen. Würde ich reagieren, könnte er alle jeweils Anwesenden zu Zeugen anrufen, zu Zeugen meiner Überempfindlichkeit.

Vielleicht würde er sogar sein Vokabular bemühen und mich paranoid nennen.

Beim letzten Sylvesterball saß ich wie meistens an einem Tisch mit Luzia Meyer-Horch. Dazu Frau Dr. Breit und die beiden Luzia unterstellten Mädchen. Dazu Dr. Häuptle, ein Arzt, der seiner Pensionierung wie einer Erlösung entgegensieht. Für den Ball hatte er sich aufgemacht als Gevatter Tod. Und noch der Pfleger Alfons. Der Pfleger Alfons ist der ernsteste aller Pfleger. Ohne je mit ihm über ihn selbst gesprochen zu haben, spüre ich, dass er zu keiner Bösartigkeit fähig wäre. Er ist, ich kann es nicht anders sagen, ein guter Mensch. Er hat durch einen tobsüchtigen Patienten ein Auge verloren. Er habe sich nicht wehren wollen, sagte er nachher. Wir waren ein Tisch, der so tat, als genüge er sich selbst. Luzia Meyer-Horch sorgte dafür, dass es an unserem Tisch sozusagen hoch herging. Frau Dr. Breit, als Russin kostümiert, versuchte über jede witzige Bemerkung so laut zu lachen wie sie eigentlich nicht konnte. Am deutlichsten charakterisierte unseren Tisch, wie Alfons aufgemacht war. Er war ein Vampir mit Fledermausflügeln, aber auf seiner Brust stand groß: Ich bin ein schüchterner Vampir. Alfons tanzte mit Luzia, mit den zwei Mädchen, Dr. Häuptle tanzte auch mit Luzia, ich spendete jedem an den Tisch zurückkehrendem Paar lebhaftes Lob. Frau Dr. Breit und ich waren, weil wir zu keinem Tanz zu bewegen waren, spürbar mit einander verbunden.

Dann also Dr. Bruderhofer. Nach dem Jahresumschwung kam er an unseren Tisch. Da ja die Sylvesterbälle von Jahr zu Jahr mehr zu Kostümbällen wurden, war seine Aufmachung als Richard Wagner durchaus im Rahmen. Für mich war es ein Schlag. Wahnfried II, Eva Maria ... da blitzen Jahrzehntebilder in einer Millionstelsekunde durch dich durch. Er war ja viel zu groß für Wagner, einsneunzig, also ein monströser Richard Wagner, aber eben ein Richard Wagner. Ein Barett aus rotem Samt. So schräg wie möglich aufgesetzt. Eine Samtjacke, natürlich auch tiefrot; die wird vorne mit goldenen Kordeln zusammengehalten. Und dann die gewaltige Schleife, ein edler Vulkan in mattem Rosa. Aber wenn er nicht auch noch von Ohr zu Ohr den Backenbart geklebt hätte, hätten wir gedacht: Da fehlt doch was! So aber fehlte nichts. Mich zerschlug's. Ich hätte aufspringen sollen und rufen: Mein Name ist Bruckner, Anton! Dazu einen scherenschnittreifen Bückling. Er hätte es nicht verstanden. Ich hatte dem Wahnfried-Zwei-Theater nichts entgegenzusetzen. Nichts als Schmerz. Und wie dieser Wagner sprühte! Er war offenbar nicht auf dem Sylvesterball, auf dem wir waren. Er hatte eine viel höhere Temperatur und eine Geschwindigkeit, gegen die wir ein Tisch der Abgestorbenheit waren. Nicht dass er schneller redete. Er redete größer. Gewaltiger. Hinreißender. Er hätte es sicher nicht ausgehalten, wenn er nicht in jeder Sekunde erlebt hätte, wie er alle, denen er sich zuwandte, mitriss. Der Ball war ein einziger Jubel. Sein Jubel. Und er wollte im neuen Jahr den ersten Tanz Frau Luzia Meyer-Horch widmen. Dieser Frau, ohne die die Klinik Scherblingen längst im Sumpf der Melancholie versunken wäre. Von dieser Frau geht ein Geist aus, eine Kraft, eine Belebung, eine Erleichterung, ohne die wir alle diesen so schönen wie schweren Beruf nicht schaffen würden. Liebe Luzia Meyer-Horch, wenn Sie jetzt sagen, Sie wollen mit mir nicht tanzen, denn weiß ich nicht, was aus mir werden soll. Das ist eine Erpressung, ich weiß, denn Sie sind ja tagaus tagein die vehementeste Glücklichmacherin in diesem Gelände, deshalb ... Da war Luzia aufgesprungen und hatte ihn schon mitgerissen auf den Tanzboden. Dann aber kam erst die Schau. Luzia ist ja eher dünn. Und groß ist sie auch nicht. Sobald sie mit Dr. Bruderhofer auftrat, war sie eine halbe Portion. Dr. Bruderhofer, einseinundneunzig und mächtig, konnte in dieser leichten Person kein für alle Drehungen reichendes Gegengewicht finden wie an Helga Felgentreff. Wenn er sie, sie mit beiden Händen umfassend, so herumwirbelte, dass es sie weit nach hinten bog, war zu fürchten, sie breche gleich ab. Aber da hatte er sie schon losgelassen, hielt sie nur noch an einer Hand und schleuderte sie förmlich he rum. Und sie flog, aber suchte immer wieder Bodenkontakt. Immer wieder landend, Tanzschritte produzierend und wieder startend. Das meiste machte natürlich ihr Wuschelkopf am langen Hals. Und um den die Kette mit dicken roten Kugeln. Ob sie kreiste oder geschleudert wurde oder Solo-Tanzeinlagen lieferte, sie tat es ihrem Wuschelkopf zuliebe. Ihre Haare flogen weiter herum als sie selber. Und jeder im Saal wusste, Frau Meyer-Horch entwirft und näht alles, was sie anhat, selber. Um Hüften und Schenkel eng anliegend und erst an den Knien weit ausfallend eine Pluderhose. Und das auch noch in einer wilden Rotgrüngelbmischung. Was sie oben anhatte, in gleißendem Metallic, das war doch das Oberteil eines römischen Soldatenpanzers. Was ihr an den Ohren baumelte, machte sie zur Sklavin. Richard Wagner konnte sich bedienen. Zwar war Dr. Bruderhofer der, der alles veranstaltete, aber sie war so sehr dabei, dass es tatsächlich ein Tanzpaar war, was da tobte und drehte und flog und glitt. Niemand außer diesen beiden tanzte da noch. Alle standen, saßen, schauten, klatschten.

Ich hatte, als ich begriff, was da geschah, sofort ein Glas und noch ein Glas und noch eins ausgetrunken. Als die zwei zurückschlenderten an unseren Tisch und sich einträchtig wunderten über so viel Beifall, wo sie doch bloß ein bisschen mit einander getanzt hatten, da hatte ich sicher eine Flasche hinuntergezwungen. Ich konnte also aufstehen, konnte Luzia die Hände entgegenstrecken, ihr gratulieren und ihm auch. Und konnte sagen, eine so stürmische Harmonie sei das schönste Signal für das Neue Jahr. So wie ihr zwei getanzt habt, so wollen wir das ganze Jahr mit einander tanzen!

Dr. Bruderhofer war gerührt. Ich sah's. Er hatte feuchte Augen. Er umarmte mich wie noch nie und sagte: Herr Professor, darauf trinken wir.

Nahm ein Glas vom Tisch, ich nahm mein Glas, alle an unserem Tisch nahmen ihre Gläser, auch an den anderen Tischen standen alle auf, es wurde der erste und einzige Toast auf diesem Fest. Dr. Bruderhofer sagte, er werde nie mehr in seinem Leben ohne Luzia Meyer-Horch tanzen, nie nie nie mehr. Und küsste sie innig links und rechts in ihr vom Wuschelkopf gerahmtes Gesicht. Und ging. Wir schauten ihm nach.

Ich trank und rauchte und rauchte und trank. Ich musste mich davontrinken. Ich verlangte, dass alle an unserem Tisch mir jetzt sofort zuhörten. Liebe Luzia, sagte ich, ich heirate Sie. Bitte, kein Widerspruch. Ich bin nicht die schlechteste Partie in diesem Saal, in dieser Nacht, in diesem Jahr.

Ich zog sie an mich und küsste sie. Nicht auf den Mund, aber heftig auf beide Augen. Alle nahmen's als einen Scherz des betrunkenen Chefs. Frau Dr. Breit litt unsäglich. Das nahm ich noch wahr. Konnte aber nicht mehr bremsen. Bei meiner roten Fliege, ich schwör's, rief ich und wollte mir die rote Fliege vom Hals holen und schaffte es nicht und bat Einaug Alfons um Hilfe. Der tat's. Ich legte die rote Fliege auf den Tisch und sagte, dass Luzia und ich fünf Trauzeugen hätten. Und zählte sie auf. Dann wurde mir schwindlig. Ich sagte: Alfons, du bist der Pfleger des Jahres. Sorg dafür, dass ich, ohne überhaupt gesehen zu werden, aus dem Saal komme. Das war machbar. Alfons nahm mich unter seinen rechten Flügel, mit ihm und Dr. Häuptle alias Gevatter Tod kam ich hinaus, ohne Aufsehen zu erregen. Frau Dr. Breit hatte mir zuletzt noch einen furchtbaren Blick zugeworfen. Der Gevatter Tod und der schüchterne Vampir brachten mich heim. Heim zu mir. Mit einem Auto. Und fragten hundertmal, wie es mir gehe und so weiter. Ich winkte hundertmal ab. Offenbar hatte einer von beiden meinen Schlüsselbund in meinem Mantel gefunden. Ich lag auf dem Sofa im Studierzimmer. Ich bat beide zu gehen. Alles sei gut. Gut. Gut.

Sie gingen.

Als ich wieder zu mir kam, wusste ich, dass ich Luzia Meyer-Horch verloren hatte. Fast zwanzig Jahre lang war sie MEINE Sekretärin gewesen. Das ist ein Verhältnis, das sich niemand vorstellen kann, der es nicht selbst erlebt hat. Eine Intimität, die nicht ihresgleichen hat. Manche Chefs schlafen einmal mit ihren Sekretärinnen, um diese Intimität zu besiegeln. Das hätte ich immer für unzumutbar gehalten. Eine Beleidigung für beide. Luzia Meyer-Horch und mich verbindet eine Schicksalsverschworenheit, die keiner Bestätigungen bedarf. Bedurfte. Denn das alles war einmal. Dr. Bruderhofer kann Luzia in jeder beliebigen Sekunde an den Tanztriumph erinnern und sie tut, was er will. Ich habe ihr in fast zwanzig Jahren keinen solchen Lebensglanz verschafft, wie es Dr. Bruderhofer durch diesen Tanz gelang.

Dass das keine Einbildung von mir ist, kann ich seit dem jeden Tag sehen, beobachten, spüren. Ich habe Luzia nie dazu gedrängt, für mich Partei zu ergreifen gegen Dr. Bruderhofer. Das war doch gar nicht nötig. Aus allem, was geschah und nicht geschah, ergab sich unsere Gemeinsamkeit. Eine Gemeinsamkeit, die nur wir hatten, sie und ich. Das war einmal. Sie ist seit dem bemüht, es mir recht zu machen. Das kennt man ja. Sie hat seit diesem Sylvester-Auftritt mehr als einmal beiläufig erwähnt, dass Dr. Bruderhofers Frau achtzehn Jahre älter sei als er. Achtzehn Jahre, Herr Professor! Das mag sich unsereiner lieber nicht vorstellen.

Niemals hätte sie vor diesem von Dr. Bruderhofer inszenierten Tanztriumph so geredet. Ich habe sie jedesmal spüren lassen, dass mir an solchen Erwähnungen nichts liegt, ja, dass ich sie sogar für unangebracht halte. Früher hätte sie gemerkt, wie peinlich mir solche Erwähnungen sind. Auch wenn sie nicht weiß, warum, sie hätte die Peinlichkeit gespürt, hätte sich vielleicht sogar entschuldigt für ihre Bemerkung oder hätte – wie es zu ihr passt – einen Witz gemacht über sich selber. Sie sei eben für Peinlichkeiten zuständig, hätte sie sagen können, wenn sie gemerkt hätte, wie unangenehm mir solche Anspielungen sind. Lieber peinlich heraus als drinnen erstickt, hätte sie früher gesagt. Jetzt merkt sie überhaupt nicht mehr, wie mir zumute ist. Zumute in allem. Zumute überhaupt. Und jetzt erst erlebe ich, was das für ein Lebenselement war, unsere Vertrautheit, Vertraulichkeit, Verlässlichkeit. Ich werde nicht versuchen, sie zurückzuholen. Schon der Versuch würde alles vernichten, was es jetzt als Gemeinsamkeitsrest noch gibt. Unsere Geschäftsfähigkeit, das ist spürbar auch Luzias Wunsch und Wille, soll unter den geschehenen Umwälzungen nicht leiden.

Sie hat mir übrigens meine rote Fliege zurückgebracht. Die rote Fliege war mein Kostüm an diesem Abend. Luzia konnte mir das Corpus Delicti nicht in die Hand geben. Es lag auf meinem Schreibtisch in einer durchsichtigen Pralinenpackung. Die Vermählten lassen grüßen! Stand auf einer Karte. Das ist Luzia. Ihr ist immer nach einem Witz zumute. Als ich die Fliege, um sie nicht mehr sehen zu müssen, in die nächstbeste Schublade legte, wusste ich, dass dieser Sylvesterball mein letzter gewesen ist. Wie lange ich diese Klinik noch leite, weiß ich nicht, dass aber von mir nicht mehr erwartet werden kann, an einem Sylvesterball teilzunehmen, das weiß ich. Ich auf einem Ball!

Heute kommt mir das vor, wie wenn ein Nichtschwimmer sich zu einem Schwimmsportfest drängt. Verheiratet mit der Schwimmerin aller Schwimmerinnen ist ohnehin Dr. Bruderhofer.

IN LIEBE. Eva Maria.

In die Irre gehen. Wissend. Nichts gewöhnlicher als das.

Meine Gefühle sind ungut, weil ihnen keine Wirklichkeit entspricht. Diesen Gefühlen wird nie eine Wirklichkeit entsprechen. Das wollen mir meine Gefühle nicht glauben. Deshalb muss ich sie fälschen. Gefühle sind ja, anders als Gedanken, das Innerste. Sie bestimmen, wie ich mich fühle.

Aber wenn ich deutlich genug erkenne, dass sie mich zu einem weltfremden Verhalten verführen wollen, dann muss ich sie fälschen. Ich muss in meinem Innersten weltgerechter, weltentsprechender empfinden.

## 6.

Jetzt die Handlung. Sollte es mir bis hierher gelungen sein, meine Situation verständlich zu machen, ergibt sich die Handlung von selbst. Es ist kein Einfall von mir, der zu dieser Handlung führte. Es war der Lauf der Dinge. Ich habe mich allerdings nicht gewehrt gegen das, was geschehen wollte. Ich habe mitgemacht. Ein Opportunist des Schicksals. Aber das ist in der größeren, der sogenannten Weltgeschichte nur zu bekannt. Alle weltgeschichtlich Handelnden haben es immer wieder mitgeteilt, dass es darauf ankomme zu handeln, wenn die Göttin Gelegenheit dazu einlädt, verführt, drängt.

Also.

Ich habe das Reliquiar gestohlen. So würde es ein weltlicher Richter nennen. Ich sage: Ich habe es in Sicherheit gebracht. Mein Vorfahr hat es vor der Gier des Staates gerettet. Ich habe es gerettet vor der herablassenden Verlogenheit der Gebildeten, seien sie geistlich oder weltlich. Dr. Bruderhofer darf bei den Ursachen meiner Handlung nicht fehlen. Seine Spione haben herausgefunden, dass ich ein Buch schreibe zur Verteidigung aller Reliquien. In der Ärzteversammlung hat er jetzt alle Ärzte aufgefordert, dafür zu sorgen, dass Herrn Professor Feinleins Reliquienforschung, und zu Forschung hat er hinzugefügt: wenn Sie es so nennen wollen – also dass diese Spezialität des Chefs, bitte, mit keiner Silbe über das PLK hinausdringen dürfe. Der Ruf der Klinik wäre hin, wenn ein Journalist davon erführe und in einer Zeitung darüber berichtete. Er forderte eine Art Schweigeschwur. Wie ernst es ihm damit sei, sollten die Kollegen und Kolleginnen daran sehen, dass nach dieser Mitteilung keinerlei Diskussion im Rahmen der Ärzteversammlung stattfinden dürfe. Dass in dieser Sache alle einer Meinung seien, sei wohl klar. Also keine Diskussion. Aber Schweigen. Und schloss: Hier sei das Scherblinger Schweigen am Platz. Und dann noch: Da es ja zu diesem grotesken Thema nur eine einzige Meinung geben könne, halte er es für überflüssig, den Chef von diesem Schweigeschwur in Kenntnis zu setzen. Mehr als Schweigen kann er wirklich nicht von uns erwarten. Von den neunundfünfzig Ärzten und Ärztinnen hat ein Arzt sich nicht an dieses Gebot gehalten. Dr. Häuptle. Er hat mir nicht nur diese Sitzung geschildert, er hat aufgezählt, wie oft Dr. Bruderhofer da und dort ausfällig bis höhnisch über meine Beschäftigung mit Reliquien herzieht. Dr. Häuptle behauptet, Dr. Bruderhofers unablässige Schmähsucht diesbezüglich verrate, dass sich Dr. Bruderhofer durch mich einer andauernden Reizung ausgesetzt sehe. Ein unaufhörliches Ärgernis sei diese meine Reliquien-Erforschung. Es störe sein Weltgefühl, seine Berufsehre, dass er arbeiten müsse unter einem Chef, an dem die europäische Aufklärung spurlos vorübergegangen sei. Dr. Bruderhofers aggressives Leiden unter der Feinleinschen Mißachtung der europäischen Verstandes-Kultur verrate paranoide Züge. So Dr. Häuptle.

Eines ist sicher: Dass Dr. Bruderhofer Luzia Meyer-Horch mit dieser Tanz-Nummer erobert hat, war kein Sylvesterball-Einfall. Das war Plan. Und alles, was er jetzt weiß oder zu wissen glaubt, hat er von Luzia. Sie selber kennt, was ich arbeite, weil sie mir die Bücher beschafft, die ich brauche, und weil sie für mich schreibt. Aber nicht während der von der Klinik bezahlten Arbeitszeit, sondern abends und samstags und sonntags. Ich habe von ihr nie Zustimmung erwartet oder gar verlangt, wohl aber Loyalität. Und deren durfte ich sicher sein bis zu jenem Sylvesterball. Ich habe Luzia seit dem kein einziges Mal mehr etwas schreiben lassen. Das war mir nach dem, was ich erlebt hatte, nicht mehr möglich gewesen. Sie muss das bemerkt haben und gibt sich seit dem ihrerseits kühler als je zuvor. Das Verhältnis ist zerstört.

Wenn man mehr recht hat, als man zur eigenen Rechtfertigung braucht, benützt man den Überfluss an Rechthaben dazu, andere zu verurteilen. Das ist Herr Dr. Bruderhofer.

Wenn man von einer Notwendigkeit durchdrungen ist, wird einem das Handeln leicht gemacht. Das bin nun ich.

Erstaunlich, keine Skrupel, auch keine Angst. Ich war barfuß. Das war überdeutlich in meinem Gefühl: das kannst du nur barfuß vollbringen. Konrad von Letzlingen, mein Patron. Ich war nicht einmal aufgeregt, als ich zwei Tage vor Christi Himmelfahrt nachts durch die Glockenstube in die Stiftskirche kam, am Altar, ohne die Breitwieserschen Bezeugungen vorbei die Sakristei erreichte, aufschloss, eintrat und mit Hilfe meiner Taschenlampe sofort den Schrein fand, in dem die Strahlenmonstranz mit der Reliquie bewahrt wird. Auch dafür hatte ich den Schlüssel. Breitwieser hat mein Interesse als Verehrung begriffen. War es ja auch. Da lag sie nun, die Monstranz, eingehüllt in Tücher und verschnürt mit einer silbernen Kordel. Ich nahm sie in meinen Arm. Was ich dabei empfand, teile ich nicht mit. Ich abstrahiere: Legitimität. Innigste Berechtigung. Ich rettete einen Schatz aus großer Not. So kann es einem zumute sein, der ein Kind aus einem brennenden Haus rettet.

Jetzt konnte ich das Klink-Klostergelände natürlich nicht durch die Pforte verlassen. Ich war auch am Abend nicht wie gewöhnlich mit dem Auto hinausgefahren. Ich war an diesem Tag ohne das Auto in die Klinik gekommen. Zu Fuß. Mit vielen anderen.

Mit der Monstranz ging ich in die ehemalige Prälatur, also in mein altes Arbeitszimmer, das ich gegen den Umzug ins neugebaute Klinik-Ärztehaus verteidigt hatte. Hochrangige Subversion, hatte es der Verwaltungsdirektor genannt. Aber da ich darauf hinweisen konnte, dass mein Vorfahre Eusebius Feinlein hier Abt gewesen war, musste ich zwar auch alles aktuell Geschäftliche hinüber in den Neubau verlegen, auch das Sekretariat natürlich, also Luzia Meyer-Horch und ihre zwei Subsekretärinnen, aber bis zu meiner Pensionierung darf ich in der alten Prälatur mein Außerdienstliches treiben. Sicher ist auch das ein Ärgernis für Dr. Bruderhofer. Aber dass mir dafür vom Regierungspräsidium eine Extra-Genehmigung zuteil wurde, konnte er, weil er da noch nicht auf dem Kampfplatz erschienen war, nicht verhindern.

Ich legte das Heiligblut-Kreuz in den Schrank, in dem die Papiere für mein Reliquien-Buch sich häufen. Ich befreite das Kreuz sogar aus seinen Tüchern, um es anzuschauen. Im Licht der Taschenlampe gleißte das Gold, blitzten die großen und die kleinen Brillanten und die vier Rubine oberhalb und unterhalb des Bergkristalls, auch links und rechts von ihm. In ihrem rötlichen Schimmer sehen sie mehr nach Blutstropfen aus als der dunkle Strich in dem Bergkristall, der das Heilige Blut darstellt.

Ich konnte nicht so schnell aufhören, diesen ein bisschen vorgewölbten Kristall anzuschauen. Mit Längsschliffen wird die Wölbung des Kristalls erlebbar gemacht. Aber in ihm, der dunkle Strich, ist ganz gerade. Jahrhunderte lang hatten meine Landsleute dieses in Gold bewahrte Ding verehrt und angebetet. Sie waren immer in Not. Die Reliquie war ihre Zuflucht. In der Verehrung und Anbetung dieses dunklen Strichs im goldgerahmten, von Edelsteinen umgebenen Bergkristalls, erlebten sie sich als Menschen. Erlebten sie ein Recht, das sie nirgends sonst hatten. Bei keinem Menschen, keiner Institution. Also glaubten sie. Es blieb ihnen nichts anderes übrig.

Ich drehte das Kreuz um.

Was vorne die vier Rubine, sind hinten vier Smaragde. Grünlich gleißend. Der Bergkristall ist so eingelassen in das Kreuz, dass er von hinten genau so sichtbar ist wie von vorne. Da wo der Kreuzbalken den Kreuzstamm quert, ist der mit Längsschliffen lebendig gemachte Kristall eingelassen. Mit dem Abtsiegel des Abtes Benedikt Mangold versehen. Im Jahr 1529. Und seit dem so bewahrt. Ich sah mich durchaus als Erbe dieses Abtes, der die Reliquie im Jahr 1525 vor den revolutionären Bauern gerettet hatte und mit ihr zwei Tage und zwei Nächte in einem Geheimgelass in der Wand, wahrscheinlich hoch erregt und angstvoll, gewartet hatte, bis die Bauern das Kloster verlassen hatten.

Als der Staat das Kloster schloss und alles seinem Verkaufswert nach taxiert wurde, hat man das Heiligblut-Kreuz mit 85 000 Gulden bewertet. Im Jahr 1805. Aber mein Vorfahr Eusebius hatte das Kreuz schon vorsorglich der Kirchengemeinde Scherblingen übereignet, so dass der Kronschatz des Klosters vor der Suttgarter Gier gerettet wurde. 85 000 Gulden, das wären heute Millionen. Jetzt drohte der Reliquie längst eine viel höhere Gefahr. Die herablassende Duldung, mit der die Gebildeten, egal ob kirchlich oder weltlich, die Reliquie als ein Relikt behandeln, das nur noch Peinlichkeiten bereitet, wann immer es irgendwo genannt werden muss. Für Theologen eine Torheit, für den aufgeklärten Zeitgenossen ein Ärgernis. Das bisschen narrative Theologie klingt nach Fremdenverkehrsprospekt. Dann hüllte ich das Kreuz wieder in die Tücher und schnürte es mit der silbernen Kordel und lag dann wach auf meinem unbequemen Biedermeier-Sofa. Wach, aber nicht wegen des Sofas, wach vor Aufregung. Siege sind mir fremd. In dieser Nacht aber erlebte ich mich als Sieger. Zum ersten Mal. Jetzt weiß ich auch, wie sich das anfühlt, Sieger zu sein. Mir kann nichts passieren. Das ist das Siegergefühl.

Am nächsten Abend verließ ich die Klinik mit einem Taxi. Erst am übernächsten Tag fuhr ich mit meinem Auto auf den immer für mich reservierten Parkplatz.

Das Kreuz, also die Monstranz, ist siebenundzwanzig Zentimeter hoch, der Kreuzbalken acht Zentimeter breit. Ich hatte alles abgemessen, um sicher zu sein, dass alles in meiner Arbeitstasche bequem Platz hatte. Das war der Fall. So kam die Reliquie in meiner Tasche und in meinem Auto problemlos in mein Haus. Meiner griechischen Haushaltshilfe Kirki hatte ich vorsorglich frei gegeben. Von Donnerstag bis Montag.

Also konnte ich in Ruhe beobachten, was jetzt geschah beziehungsweise nicht geschah. Der Tag nach Christi Himmelfahrt ist der Tag, an dem die Reliquie jedes Jahr in einem Spektakel, genannt Blutritt, der Bevölkerung gezeigt und gewidmet wird. Zwischen tausend und zweitausend Reiter,

Bauern aus der ganzen Gegend reiten in Frack und Zylinder von sieben Uhr bis elf Uhr durch die Dörfer und Fluren. Mit Musikkapellen und Fahnen. In jedem Dorf mit Blumen prangende Altäre. Ein junger Mönch, den man sich aus einem noch existierenden Kloster ausleiht, reitet mit und segnet mit dem goldenen, edelsteinbesetzten Kreuz eifrig nach allen Seiten hin. Um elf wird die Reliquie im alten Klosterhof zurückerwartet, wird meistens von einem Bischof in Empfang genommen, der zieht dann, seinerseits nach allen Seiten segnend, mit dem goldenen Kreuz in die Stiftskirche ein, wo er ein Hochamt zelebrieren und auch noch predigen wird, was er selber nicht glaubt, was aber das gläubige Volk glauben soll. Man darf das Spektakel wegen der reitenden Bauern rührend und schön finden. Alles was die Kirche dazu zu bieten hat, ist eine Verlegenheit. Keiner dieser Bischöfe, keiner der geistlichen Herren glaubt daran, dass das im Bergkristall wirklich ein paar Blutstropfen Christi seien. Sie tun aber so, als glaubten sie. Ein Dr. Bruderhofer hält dieses Glaubenstheater nur für ein Verdummungsinstrument der Kirche. Das sagt er jedes Jahr, wenn im Klinik-Klostergelände der Blutritt Thema wird.

So tun, als sei das Blut echt, ist mir genau so unangenehm wie, das alles für ein Verdummungsmanöver zu halten. Wissen, dass das Blut nicht echt ist, aber glauben, dass es echt sei, das wäre das, was die Reliquie zu einem unvergänglichen Schatz machen würde.

Da bin ich wieder bei meinem Thema.

Aber was passierte, als Andreas Breitwieser die Meldung erstattete: das kostbare Kreuz ist gestohlen?! Es passierte nichts. Der Blutritt fand statt wie jedes Jahr, gesegnet wurde mit einer Monstranz, die man sich wahrscheinlich aus einem der Klöster zwischen Donau und Bodensee ausgeliehen hatte. Jetzt hätte nur gefehlt, dass die Geistlichkeit bekanntgegeben hätte, man segne heute mit einer Ersatzmonstranz, das dürfe aber weder dem Glauben noch seinen Wirkungen einen Abbruch tun. Das wäre der Anfang gewesen zu einer neuen Glaubenspraxis. Diese Chance wurde versäumt. Und wenn ich die Reliquie nicht zurückgebe, wird der Ersatz geglaubt wie das Echte. Mehr kann ich nicht wollen. Wenn ich Mein Jenseits publiziere, werde ich die Reliquie zurückgeben. Dann wird bewiesen sein, dass es nicht wichtig ist, ob Reliquien echt oder unecht sind.

Seu una reliquia fosse falsa?
Ich habe glauben gelernt.
IN LIEBE. BIS BALD .

**7.**

Das bisschen Sehenkönnen und die Blindheit für das meiste.

Müsste ich jetzt, um wahr zu sein, andauernd lachen?

Ich als Sieger!

Dass es ernst ist, weiß ich, aber ich glaube es nicht.

Dann der Anruf. Am Montagmorgen. Ich war noch zu Hause. Herr Breitwieser: Ob ich es schon gehört habe? Was gehört? Die Monstranz ist weg, gestohlen, die Heiligblut-Reliquie, das Millionending.

Ich rufe: Nein! Das gibt es doch nicht.

Doch, das gibt es. Und er wird verdächtigt. Fremdenlegion, Alkohol. Er hat Hausarrest. Und hat angeben müssen, dass außer ihm nur Pfarrer Weimer und Professor Feinlein Schlüssel haben.

Also auf eine Befragung müsse ich mich schon gefasst machen. Er hoffe auf meine Hilfe. Nur ich könne ihm jetzt noch helfen. Dass er das Heiligtum nicht gestohlen habe, wisse niemand so sicher wie ich. Er bitte mich inständig.

Ich versprach, ihn aus jedem Verdacht zu befreien.

Dann rief ich, weil ich momentan ratlos war, Luzia an. Unpässlich heute. Was tun also? Am frühen Nachmittag zwei Herren mit einem Durchsuchungsbefehl. Sie entschuldigten sich höflich. Es sei ihnen ganz peinlich. Aber bei denen, die Schlüssel haben, müssen sie rein routinemäßig eine Hausdurchsuchung machen. Ich wehrte mich nicht. Als sie die Monstranz fanden, waren sie erstaunt, überrascht, frappiert. Ja, geschockt.

Also gleich die Befragung. Verhör wollten sie es nicht nennen. Ihnen war klar, dass irgendein Missverständnis passiert sein musste, Ergebnis: Die Reliquie landet in meinem Schrank. Ich würde, dessen waren sie sicher, alles erklären. Ich erklärte ihnen, dass ich keine Lust hätte zu lügen. Ich mute Ihnen die Wahrheit zu, sagte ich, oder doch das, was mit der Monstranz passiert ist.

Und erzählte, wie sich seit Sylvester alles verschärft habe. Dr. Bruderhofer hat den längst vorbereiteten Angriff endlich gestartet. Er hat mich förmlich eingekreist. Die Sekretärin entwendet. Die Ärzte den Abfall von mir beschwören lassen. Grund für alles: Meine Reliquien-Forschung. Ich kann nicht zugleich Klinik-Chef und Reliquien-Forscher sein. Erst dann habe ich mich gewehrt. Nicht mehr auf dem Papier, sondern in Wirklichkeit. Ich entführe die Monstranz in der Nacht vor Christi Himmelfahrt, am Tag danach das jährliche Spektakel: der Blutritt Die Geistlichkeit lässt die Gläubigen, die zu Tausenden den Weg der Pferdeprozession säumen, im Glauben, sie würden mit der Heiligblut-Reliquie gesegnet. Das war der Beweis, dass die Kirche selber nicht mehr an die Echtheit der Reliquie glaubt. Es kann mit jeder beliebigen Monstranz gesegnet werden. Ich bin auch der Meinung, dass eine Reliquie nicht echt sein muss, um verehrt werden zu können. Aber das muss gesagt werden. Auch die echte Reliquie kann eine Fälschung sein. Es kommt darauf an, dass die Gläubigen glauben. Unter allen Umständen. Der Glaube der Gläubigen macht jeden verehrten Gegenstand zu einem Heiligtum. Den zehn- oder zwanzigtausend Gläubigen muss gesagt werden, dass sie es sind, die die Wunder wirken. Schluss mit dem scheinheiligen Beweisenwollen. Die Menschen schaffen sich etwas, woran sie glauben wollen. Dadurch bekennen sie, dass es das, woran sie glauben, nicht gibt. Glauben, dass etwas sei. Glauben an was es nicht gibt. Dass es sei. Warum glauben wir? Weil uns etwas fehlt. Ein Vorfahr von mir hat gesagt: Glauben heißt Berge besteigen, die es nicht gibt. Ich will Ihnen etwas sagen, was Sie begreifen. Gott. Ja? Gäbe es Gott, könnten wir nicht von ihm sprechen. Dann gäbe es das Wort nicht. Das Wort gibt es, weil es ihn nicht gibt. Ja?

Andererseits.

Hören Sie, bitte, genau zu.

Wenn es Gott nicht gäbe, könnte man nicht sagen, dass es ihn nicht gibt. Wer sagt, es gebe ihn nicht, hat doch schon von ihm gesprochen. Eine Verneinung vermag nichts gegen ein Hauptwort.

Oder Maria. Die Himmelskönigin. Mit dem Lilienzepter. Und sie hat dem Norbert persönlich das weiße Gewand überreicht. Darum gehen die Prämonstratenser Mönche in Weiß. Es darf doch etwas schön sein. Oder?

Ich schwieg.

Und ihr Leib, der den Urheber des Lebens geboren hat, sollte die Verwesung nicht schauen. Lauter solche Sätze gibt es. Mir sind sie angenehm. Glauben heißt, die Welt so schön machen, wie sie nicht ist.

Es ist schön, etwas zu glauben. Auch wenn's nie für lange gelingt. Manchmal nur eine Sekunde, und weniger als eine Sekunde. Aber eine Sekunde Glauben ist mit tausend Stunden Zweifel und Verzweiflung nicht zu hoch bezahlt. Glauben lernt man nur, wenn einem nichts anderes übrig bleibt. Aber dann schon.

Auch wenn ich vor Nichtwahrgenommenheit zittere, unverstanden bleibt nichts.
Ich rufe nach dir und weiß, dass du es nicht hörst.
Und hörtest du es, verweigertest du dein Gehör.
Abwesenheit heiße ich.
Auch für mich.
Schön, sich zu entkommen.
Feierlich, nicht mehr zu sein.
Äußerlich bin ich mir geworden.
Ein Gegenstand, der nichts gilt. Mir so wenig wie dir.

In allem Niedergehaltenen schläft die Sehnsucht, gerufen zu werden.
Sie schläft tief. Ich aber wache.
So mein Psalm.
So weiter:
Du bist so treu wie ich. Ich glaube an dich. Glauben heißt lieben.
Du hast mir die Zähne gezogen.
Schicksal mampfe ich.
Ohne dich findet die Welt nicht statt.
Hände waschen, und du bist da.
 Abwesend wie Gott in allen Bäumen ragst du.
Zum leeren Himmel beten. Fluchen liegt mir nicht.
Ich reiße mir die Zunge raus.
Nach dir rufend, wächst sie nach.
BIS BALD. IN LIEBE.

Der Jüngere der beiden schrieb mit, was ich sagte. Er stenographierte.

Ich hatte erkannt: Das ist meine Chance, mich mitzuteilen. Ich habe dem Stenographierenden praktisch diktiert.

Dann noch:

Dr. Bruderhofer wird mein Nachfolger. Sobald Sie mich verlassen, gebe ich meinen Rücktritt bekannt. Die Klinik soll nicht leiden durch das Gerede, das jetzt produziert werden muss.

Schweigen.

Sie haben sicher keinen Haftbefehl dabei. Ich werde nicht zu fliehen versuchen. Ehrenwort. Das Kreuz nehmen Sie mit und bringen es möglichst ohne Umwege in die Sakristei. Ich habe die Monstranz entführt, um die Scheinheiligkeit bemerkbar zu machen. Sollte man mich in einen Gerichtssaal stellen, werde ich reden wie jemand, der sich nach einem Martyrium sehnt, das ihm vorenthalten wird. Was überhaupt geschehen wird, hängt nur davon ab, ob Dr. Bruderhofer jetzt den Kampf beendet. Ich erwarte es, dass er weitermacht. Es genügt ihm nicht, mein Nachfolger zu werden. Er glaubt an seine Psychopharmaka. Die sind Zerstörung ohne Heilung. Solange ich bin, fühlt er sich angegriffen. Er und seine Welt. Deshalb muss er mich vernichten. Wenn das Kreuz bei mir hätte bleiben können, hätte Dr. Bruderhofer keine Chance gehabt, mich zu vernichten. Kurze Zeit war ich ein Sieger. Ich werde nicht vergessen, wie es sich anfühlt, ein Sieger zu sein. Damit muss Dr. Bruderhofer rechnen. Tag und Nacht. Ich bin der Pfahl in seinem Fleisch. Ob ich will oder nicht. Ich will eigentlich nicht. Aber ich muss. Irgendwann werde ich das überwunden haben. Jetzt bitte ich Sie zu gehen. Ich danke Ihnen für Ihre Aufmerksamkeit.

Ich stand auf, verließ das Zimmer, ging ins angrenzende Schlafzimmer und legte mich aufs Bett. Dass die Zwei gingen, hörte ich, stand aber auf, um durch das Fenster zu sehen, ob sie tatsächlich gingen. Interessant. Sie standen an ihrem Auto. Der, der das Kreuz trug, legte es in den Kofferraum, setzte sich ins Auto, fuhr ab. Der andere ging auf die andere Straßenseite und lehnte sich an einen Baum. Eine Linde. Der blieb also. Sie trauten mir nicht. Sie glaubten mir nicht.

Noch am selben Tag kamen zwei Ärzte und zwei Pfleger. Einer der Pfleger war Einaug Alfons. Einer der Ärzte Dr. Häuptle. Sie baten mich, mitzukommen. Es war Alfons, der mich ansprach. Er führte mich hinaus zu dem großen Notarztauto. Ich wurde einquartiert in K VII, das wir die Burg nennen. Der zweite Arzt, der bis jetzt noch nichts gesagt hatte, sagte jetzt: Nach einer gründlichen Untersuchung werde zu entscheiden sein, ob ich schuldfähig sei. Dr. Häuptle, der noch nichts gesagt hatte, sagte dann, es spreche alles dafür, dass ich nicht schuldfähig sei. Eine öffentliche Gerichtsverhandlung sei nicht im Interesse der Kirche und der Klinik.

Ich sagte nichts. Dann gingen sie. Alfons gab mir noch die Hand.

Eva Maria wird es erfahren. Alles. Mir kam es jetzt vor, als sei alles nur geschehen, dass es von ihr bemerkt werde. Mein Jenseits.
IN LIEBE BIS BALD.

Das Unerklärliche.
Die Anziehungskraft des Unerklärlichen ist die Macht des Unerklärlichen. Es gibt kein Entkommen. Das Unerklärliche ist immer schon, wo du bist. Es diktiert dir, dass du an nichts mehr denken kannst als an das Unerklärliche. Kein Mensch kann dem Unerklärlichen gegenüber stumm bleiben. Er spricht es an. Er sagt ihm ins nicht vorhandene Gesicht, was es sei. Er macht es zum Erklärlichen. Das Unerklärliche schweigt vernichtend. Dem, der an das Unerklärliche hinredet, weil er das Unerklärliche als solches nicht erträgt, ist während seines Dahinredens klar, dass nichts von dem, was er redet, Erklärung heißen kann.

Die Unerklärlichkeit ist unnahbar. Sie hat keine Risse. Keine Mimik. Keine Atmosphäre. Sie verweigert Ahnbarkeit. Verweigert ist schon zu viel gesagt. Sie hat keine Gesten, aus denen sich etwas schließen ließe. Sie hat nichts. Sie ist nichts. Nichts als Unerklärlichkeit. Sie ist kein Rätsel, keine Parabel, keine Metapher. Sie will nichts sein. Sie ist die Unerklärlichkeit. Als solche ist sie das Mächtigste, das es geben kann.

Sag Gute Nacht zu ihr. Sie hat keine Ohren. Sie ist unansprechbar. Sie nimmt nichts wahr. Sie ist an nichts interessiert. Auch nicht an sich selbst. Sie weiß nichts von sich. Sie weiß nicht, dass sie die Unerklärlichkeit ist. Das weißt nur du.

Du kommst dem Unerklärlichen nicht näher. Durch nichts. Das Unerklärliche bleibt verschlossen. Es macht dir auch kein bisschen Hoffnung. Trotzdem hoffst du ununterbrochen, dass du erfährst, was du erfahren musst. Du könntest, wenn das Unerklärliche so unerklärlich bliebe, wie es jetzt ist, nicht leben. Mit dem Unerklärlichen kann man nur leben, weil man auf die Erklärung hofft.

Als der Gefolterte sagte: Ich will nicht mehr, lachten die Folterer. Nicht alle lachten. Einige machten Gesichter, als machten sie sich Gedanken.

Es war noch nie so wichtig, sagten die, die sich Gedanken machten, dass wir den Kontakt mit dem, den wir foltern, nicht verlieren. Er war sofort bereit, sich weiter foltern zu lassen. Lustig war das nicht, aber er wollte es auf sich nehmen. Als sie wieder anfingen, schon als sie die Geräte ansetzten, sagte er sofort: Ich will nicht mehr. Ach so, sagten die, dann brechen wir ab. Nein, schrie der Gefolterte, bitte, nicht!

Mein Gott, sagten jetzt alle, die um ihn herumstanden, du bist wirklich ein Luxustyp.

BIS BALD . IN LIEBE. A.F.